ATLANTIS
UND DIE
SINTFLUT

Christian M. Schoppe
Siegfried G. Schoppe

Atlantis und die Sintflut

Die erste Hochkultur versank
5510 vor Christus im Schwarzen Meer

Verlag: Books on Demand, Norderstedt

www.atlantis-schoppe.de

Bibliografische Information der Deutschen Bibliothek:
Die Deutsche Bibliothek verzeichnet diese Publikation in
der Deutschen Nationalbibliografie; detaillierte
bibliografische Daten sind im Internet über
<http://dnb.ddb.de> abrufbar.

Cover: Schlangeninsel © Wolfgang Leinweber, Berlin

© 2004 Christian M. Schoppe, Siegfried G. Schoppe

Herstellung und Verlag: Books on Demand GmbH, Norderstedt

ISBN 3-8334-1391-3

www.atlantis-schoppe.de

VORWORT

Die Verfasser dieser Abhandlung scheinen als Wirtschaftswissenschaftler auf den ersten Blick nicht prädestiniert, sich zu Fragen des Altertums und der "grauen Vorzeit" zu äußern, da ihnen die Kompetenz der spezialisierten Fachwissenschaften fehlt. Andererseits geht die ganzheitliche Fragestellung der Autoren nach Atlantis und der Großen Flut mehrere Wissenschaftsbereiche zugleich an. Ressortdenken ist für die Beantwortung der damit verbundenen Fragen hingegen hinderlich. Als Fachfremde können wir bei der Hypothesenbildung größere Risiken eingehen als die Autoritäten des jeweiligen Faches.

Ein bekannter deutscher Archäologe formulierte dies nach Sichtung unseres vorläufigen Manuskriptes so: "Die Summe der Hypothesen und insbesondere die Haupthypothese zur Lage und Bedeutung von Atlantis ist nicht zu vermeiden." Vorteilhaft ist eben gerade die typische Vorgehensweise der Gesellschaftswissenschaften, Einzelbeobachtungen auf dem Wege der Induktion zu verdichten, Hypothesen in Form von "Wenn ... dann" Sätzen zu formulieren und auf diese Weise Forschungsergebnisse vorherzusagen, die praktisch getestet und damit bestätigt oder widerlegt werden können.

So möchten wir unsere Leser aufrufen, sich unvoreingenommen auf dieses Abenteuer einzulassen, das gezeichnete Bild wirken zu lassen und erst dann zu entscheiden, ob der Gesamtkomplex schlüssig oder phantastisch erscheint.

Atlantis ist nach unserer Überzeugung einem *mehrfachen Tabu* zum Opfer gefallen. Schon in der Antike wurde Atlantis teilweise als reine Utopie angesehen. Die wahrlich phantastischen Auslegungen der Neuzeit führten dazu, dass sich die Fachwissenschaften zunehmend von diesem Thema distanzierten. Für sie hat es Atlantis nie gegeben, so dass eine Suche nach diesem Phänomen müßig wäre.

Aber auch in grauer Vorzeit war Atlantis schon ein *Tabu*: Die Umdeutung der Sintflut war das geeignete Mittel, das sicherstellen sollte, dass die neue und fragile Errungenschaft des Monotheismus nicht wieder in Frage gestellt werden konnte. Gleichzeitig war die Sintflut auch ein "Schnitt", der die Überlebenden und äußeren Provinzen vom verfallenen Imperium lossagte. So erfanden sich die Überlebenden neue Stammväter wie Utnapischtim, Noah oder Hellen, den Vater der Hellenen.

Wir sprechen lieber von der "Großen Flut" als von der "Sintflut", weil schon dieser Begriff das moralische Tabu über Atlantis enthält: Sin(t)flut (das "t" ist als Gleitlaut eingefügt) wird in späterer Leseweise mit "Sünde", ursprünglich aber mit "allumfassender endgültiger" (lat. semper, althochdeutsch sin, in sin-temal enthalten) Flut gleichgesetzt. Atlantis sollte "totgeschwiegen" werden, konnte aber durch schriftliche Überlieferung in dem "neutralen" Ägypten lebendig gehalten werden. Die Sintflut sollte als göttliches Strafgericht und Menschenopfer in der Erinnerung verankert werden, muss aber jetzt der wissenschaftlichen Erkenntnis eines grandiosen Naturereignisses und seiner Folgen am Bosporus weichen.

Wir beantworten die Vorfrage, ob es ein Atlantis überhaupt gegeben hat, aus einer Vielzahl von Gründen mit einem klaren "Ja" und wir fügen diese erste Hochkultur als Vorläuferin der frühen überlieferten Hochkulturen in den Geschichtskanon ein. Unser Beweisangebot an die empirische Wissenschaft: Bohren oder Graben in geringer Tiefe bei der ukrainischen Schlangeninsel 40 Kilometer vor der Donaumündung in Richtung alter Süßwassersee.

Hamburg/Frankfurt am Main, 25. April 2004

Prof. Dr. Siegfried G. Schoppe (Universität Hamburg)
Christian M. Schoppe, M.B.A. (Southern Illinois University)

P.S.: Der besseren Lesbarkeit halber wurden alle Daten vor Christus mit einem Tausenderpunkt versehen, Beispiel: "5.500 vor Christus". Wenn Sie mit den Autoren in Kontakt treten wollen, schreiben Sie bitte eine kurze Mail an "siegfried.schoppe@uni-hamburg.de". Aktuelle Informationen, Bilder und Textquellen sowie informative Links finden Sie unter "www.atlantis-schoppe.de".

ERDGESCHICHTLICHE GRUNDLAGEN

Vorbemerkungen

Dieses Buch basiert auf den naturwissenschaftlichen Erkenntnissen von PITMAN und RYAN, die in ihrer Veröffentlichung "Sintflut - ein Rätsel wird entschlüsselt" 1999 (bzw. 1998 in der englischen Ausgabe und 1997 in einer wissenschaftlichen Veröffentlichung) zu dem Ergebnis kamen, dass bis etwa 5.500 vor Christus das Schwarze Meer ein Süßwassersee war, der seinerseits schon sehr viel früher zum Marmarameer hin übergelaufen war, dann aber nach teilweiser Austrocknung schlagartig vom Mittelmeer durch die Dardanellen (Hellespont) und das Marmarameer (Propontis, Vormeer) geflutet wurde, weil die Landbrücke am Bosporus nachgab.

Die Folge war ein Anstieg des Wasserspiegels um etwa 100 Meter, der plötzliche Tod der gesamten Süßwasserflora und -fauna sowie die Ausdehnung der Wasserfläche in der Schwarzmeersenke bis hin zur späteren Entstehung des Asowschen Meeres über die Kertsch-Meerenge, durch die früher der Don in das Schwarze Meer floss. Dies führte zu einer Wanderungsbewegung der ursprünglichen Siedler. Gleichzeitig trennte der neu entstandene Bosporus-Kanal Europa von Asien.

Entscheidend hierbei ist, dass es sich bei der von PITMAN und RYAN nachgewiesenen Flut um eine großflächige Überschwemmung handelt, die nicht wieder zurückgeht und die ausgerechnet die erste Hochkultur unter sich begräbt, was später den Mythos von Atlantis begründet.

Wir nahmen uns vor, die Erkenntnisse der Archäologie sowie die verschiedenen Flutmythologien darauf hin zu untersuchen, ob vor diesem Hintergrund eine neue Interpretation möglich ist. Als wiederkehrendes Muster stellten wir fest, dass die klassischen Mythologien in der Regel aus einer *mediterranen Sicht* interpretiert werden. Dies liegt daran, dass die letzten frühen Hochkulturen (Griechenland, Rom) im Mittelmeer ansässig waren; aus der Sicht der Römer war es das "mare nostrum" - das Meer der Römer eben. Aus antiker griechischer Sicht liegen folgerichtig die Karpaten (wie wir zeigen werden das Atlasgebirge = Himmelssäule) hoch im Norden und der Bosporus (nach unserer Meinung die Säulen des Herakles) liegt im Osten.

Wir sind jedoch inzwischen davon überzeugt, dass der Schwerpunkt der menschlichen Entwicklung im betrachteten Zeitraum um 5.500 vor Christus am und im Schwarzen Meer (griechisch: Pontos) zu suchen ist. Wir postulieren also ein *pontozentrisches Weltbild* der jungsteinzeitlichen Zivilisation. Im Mittelpunkt der ältesten Karten aus Griechenland, Ägypten und Vorderindien liegt eben nicht das Mittelmeer, sondern das Schwarze Meer. Aus Sicht von Atlantis liegen dann die Provinz Gadeiros und der *Bosporus im Westen* und die Karpaten je nach Standpunkt im Norden oder Nordwesten. Wir gelangten zu den folgenden Schlussfolgerungen:

1. Die *Atlantissage ist keine Fiktion* und keine reine Erfindung der Phantasie. Das Zentrum von Atlantis ist bis auf die Schlangeninsel im Schwarzen Meer versunken. Allerdings war Atlantis nicht auf dem hohen technischen Stand, den die Sagen später hinzugedichtet haben.
2. Gleichzeitig ist die Atlantissage ein *fehlendes Bruchstück, das sich nahtlos in die Bibel einfügt*. Sie deckt den Zeitraum zwischen der Schaffung des Menschen Adam und der Sintflut ab. Atlantis ist das Paradies des Alten Testaments. Der Garten Eden liegt jetzt viele Meter tief im Schwarzen Meer.
3. Schließlich ergänzt und bestätigt die Atlantissage die Angaben, die wir in der griechischen, babylonischen und biblischen *Mythologie* wiederfinden, führt aber auch zu *neuen "Lesarten"*.
4. Die *Zivilisation war vor der Flut weiter entwickelt, als man heute vermutet*, aber nicht so weit, wie die Atlantissage überliefert. Zwar handelte es sich auch bei Atlantis noch um eine jungsteinzeitliche Bauern- und Fischer-Kultur, jedoch schon mit erster Gold-, Silber- und Kupferverarbeitung und ersten Bewässerungssystemen sowie weitreichenden Handelsbeziehungen.
5. *Auch gab es um 5.500 vor Christus bereits eine rudimentäre Schrift* (Zahl- und Schriftzeichen sowie Längen-, Flächen- und Hohlmaße und Gewichte), deren Spuren sich in der Donauzivilisation finden, *und erstes Stoffgeld*.
6. Schließlich wird man darüber nachdenken müssen, ob die frühen Hochkulturen in Ägypten und an anderer Stelle tatsächlich erst gut 3.000 vor Christus quasi aus der Dunkelheit der Steinzeit entstanden, oder ob sie *eine um 2.500 Jahre ältere Vorgeschichte* haben, die nur nicht entdeckt wurde, weil sie im Meer und unter Sedimenten begraben wurde.

Die wissenschaftlichen Fachdisziplinen haben offensichtlich sehr sorgfältig gearbeitet und in Unkenntnis der Schwarzmeerflutung und der

damit verbundenen Zivilisationsunterbrechung in der frühen Jungsteinzeit unter Beobachtung der verfügbaren Funde - die eben wegen der
Überflutung extrem lückenhaft sind - bereits erste richtige Schlüsse
gezogen.

Jedoch ist es ihnen ergangen wie jemandem, der mehrere
Stofffetzen aus dem Boden ragen sieht und diese zu vorsichtig
begutachtet; er müsste erst daran ziehen, um ein ganzes zusammenhängendes Tuch zum Vorschein zu bringen. Die folgenden Stofffetzen
ragen rund um das Schwarze Meer aus dem Boden:

1. Die Wurzeln des *Indoeuropäischen Sprachraumes* wurden von
   den Sprachwissenschaftlern an das Schwarzmeer angrenzend
   lokalisiert. Wenn man die versunkene Ebene mit einbezieht, kann
   man das bisherige Fragezeichen im historischen Weltatlas streichen.
2. Das frühe *Sesshaftwerden* als Voraussetzung und Folge der
   ältesten Landwirtschaft wird im Donauraum und in Anatolien
   festgestellt. Man kann jetzt die "pontische Brücke" herstellen und
   erhält ein zusammenhängendes Großareal als Ausbreitungsgebiet
   für die älteste Landwirtschaft.
3. Ebenso können *Bewässerungskulturen* auf das versunkene Donau-
   Dnjepr-Bug-Dnjestr-Mündungsgebiet zurückgeführt werden.
4. Auch der kulturelle *Austausch mit Asien*, für den es bereits
   gewisse Hinweise gibt, gewinnt eine neue Qualität, wenn man von
   einer frühen Vormacht in der Schwarzmeersenke ausgeht.
5. Die Geschichtsschreibung hat erst vor gut 100 Jahren zwischen die
   Jungsteinzeit und die Altsteinzeit eine *Mittelsteinzeit* für Nordeuropa "eingepasst". Da das Zentrum des europäischen Neolithi-
   kums versunken ist, ist es nicht verwunderlich, dass den Forschern
   ursprünglich jeder Hinweis auf eine solche Zivilisationsstufe
   fehlte.
6. Das *plötzliche Auftauchen der Jungsteinzeit* 5.500 vor Christus in
   Europa (mit einem Vorlauf seit dem 10. Jahrtausend vor Christus
   südlich des Schwarzen Meeres) lässt sich damit erklären, dass eine
   hoch entwickelte und gleichzeitig bevölkerungsstarke Zivilisationsstufe vertrieben und in alle Himmelsrichtungen zerstreut
   wurde.
7. Auch die *Schriftforscher* haben entsprechend den verfügbaren
   Funden erstaunlich präzise Entwicklungsstufen verschiedener
   Schriften in Ägypten, Mesopotamien und Alteuropa (Donauzivilisation) identifiziert - bislang jedoch nicht die versunkene
   gemeinsame Grundlage.
8. Die Archäologie hat

- mit ihren Funden vom Balkan bis nach Ägypten das kulturelle und religiöse Fundament eines einheitlichen *Kulturraumes* offenbar werden lassen (Stierkult, Mutter Erde-Kult),
- mit den Obsidianfunden das erhalten gebliebene Muster eines *frühen Fernhandels* zum Beispiel von der Kykladeninsel Melos nach Anatolien oder vom Vansee nach Mesopotamien belegt und schließlich auch
- versprengte *Teile der früheren Atlantiskultur ausgegraben* (Vinca, Starcevo-Körös-Cris), ohne überhaupt zu ahnen, dass der Karpatenraum das Rohstofflager "Atlas" und zugleich eine wichtige spätere Zufluchtstätte für Atlanter war.

Die "Vorgeschichte" - Eiszeiten und Klimakatastrophen

Um zu verstehen, wie es zu der Großen Flut kommen konnte, ist es erforderlich, zunächst den groben Zeitrahmen darzustellen, innerhalb dessen sich die Salzwasser-Flutung des Schwarzmeerbeckens ereignet hat. Grundlage für die Flut bildeten die vorangegangene Eiszeit und die damit zusammenhängenden Klimaveränderungen.

v. Chr.	Klima
120.000-20.000	Letzte große Eiszeit, extreme Wasserbindung in Polkappen, Eisbergen und Gletschern, Wasserspiegel des Weltmeeres 120 Meter unter dem heutigen Stand
20.000-12.500	Polkappen- und Gletscherschmelze, Höhepunkt um 15.000 v. Chr., Entstehung der großen Süßwasserreservoire: Aralsee, Kaspisches und Schwarzes Meer; Überlauf zum Mittelmeer
12.500-10.500	Warmzeit
10.500-9.400	Kleine Eiszeit (jüngere Dryaszeit)
9.400-6.200	Kleine Warmzeit; teilweise Austrocknung des Schwarzen Meeres
6.200-5.800	Kleine Zwischeneiszeit, kurze Übergangszeit: ca. 50 Jahre, Wasserspiegel des Weltmeeres 20 m unter dem heutigen Stand
5.800-5.510	Warmzeit (sog. Atlantikum), Wasserspiegel des Weltmeeres 15 m unter dem heutigen Stand Durchbruch am Bosporus - *Große Flut* in der Schwarzmeersenke
5.510-3.000	Fortsetzung der Warmzeit
3.000-heute	Myazeit/Subatlantikum: kühlere Periode

12

Vor etwa 6-4 Millionen Jahren entwickeln sich in Ostafrika die ersten Hominiden. Der *Homo erectus* entsteht vor etwa 1,5 Millionen Jahren in Afrika. Aus ihm entwickeln sich etwa 150.000 vor Christus die Neandertaler. Der moderne Mensch *Homo sapiens sapiens* folgt etwa 120.000 vor Christus in Afrika. Von dort aus besiedelt er den Rest der Welt (unilineare Hypothese). Diese "Out-of-Africa"-Theorie wird allerdings teilweise angezweifelt; demnach könnte sich der Homo sapiens sapiens zeitgleich (auch) in Asien und an anderen Orten entwickelt haben (multilineare Hypothese). Wie auch immer - 40.000 vor Christus tritt der weiter entwickelte heutige Mensch Homo sapiens sapiens das erste Mal in Europa auf und koexistiert mit dem Neandertaler bis etwa 35.000 vor Christus. Ab 35.000 vor Christus verschwindet der Neandertaler von der Weltbühne.

Der moderne Mensch breitet sich offensichtlich unbeeindruckt von der auf der Nordhalbkugel anhaltenden Eiszeit aus. Als Jäger und Sammler ist er in der Lage, in die eisfreien Zonen Nordeuropas einzudringen. So bildete die Donau zu allen Zeiten einen eisfreien Kanal, der das Vordringen der Menschen bis nach Westeuropa förderte. Der moderne Mensch ist seinen Vorgängern und dem Neandertaler körperlich unterlegen, dafür ist er jedoch anpassungsfähiger. Dies belegen zusammengesetzte Werkzeuge und die Verarbeitung von Knochen und Elfenbein, das Entstehen von Schmuck, die Jagd in Gruppen, erste dauerhaftere Lagerplätze sowie das Entstehen der Kunst in Form von Höhlenmalerei sowie künstlerisch gestalteten Figuren.

Insgesamt geht man davon aus, dass der moderne Mensch der jungen Altsteinzeit bereits über die kognitiven Fähigkeiten der heutigen Menschen verfügte. Würde man einen damaligen Säugling "zeitversetzt" in der heutigen Gesellschaft großziehen, würde er kaum auffallen. Daraus ergibt sich die Frage, warum der moderne Mensch über 100.000 Jahre gebraucht hat, bevor er in einem explosiven Wachstum in den letzten 10.000 Jahren - vor allem in der Neuzeit - die Welt als Pflanzer und Viehzüchter erobern konnte.

Zu der langen Anlaufphase dürfte eine Vielzahl von Faktoren beigetragen haben. Die Lebensbedingungen waren allgemein härter. Es war kälter und die Niederschläge fielen geringer aus. Der afrikanische Kontinent zeigte sich verschiebende Klimazonen bei insgesamt fortgeschrittener Austrocknung. Der ständige Kampf um das Überleben behinderte zunächst den Aufbau von Infrastrukturen und die Arbeitsteilung. Die durchschnittliche Lebenserwartung lag unter 30 Jahren, auch wenn einzelne Individuen durchaus ein Alter von 60 oder mehr

Jahren erreichen konnten. Dies - wie auch das Fehlen der Schrift - hat die Ansammlung von Wissen und Erfahrungen nicht zugelassen. Andererseits könnten gerade die Herausforderungen der bis 20.000 vor Christus zunehmenden Vereisung und Verödung der notwendige intellektuelle Anreiz für die menschliche Entwicklung gewesen sein.

Zum Ende der letzten großen Eiszeit um 20.000 vor Christus lag der Spiegel des Weltmeeres etwa 120 Meter unter dem heutigen Stand. Riesige Wassermassen waren in den drei Kilometer dicken Eispanzern auf den Landflächen der Nordhalbkugel, in den Gletschern der Alpen sowie in den Eismassen an den Polen eingefroren, die einen gewaltigen Druck auf die Kontinentalplatten ausübten, so dass diese erheblich abgesenkt wurden. Dies ist auch heute noch bei der Antarktis der Fall, deren Kontinentalplatte aufgrund des Drucks der Eismassen um bis zu 2.500 Meter unter den Spiegel des Weltmeeres gedrückt wird.

Der Anstieg des Wasserspiegels lässt sich mit Hilfe von Korallenriffen datieren: Da der Wasserstand selten um mehr als einen Meter pro Jahrhundert gestiegen ist, konnten die Korallen mit dem ansteigenden Wasserspiegel wachsen. Durch die Datierung der Korallen einer jeweiligen Tiefenschicht lässt sich feststellen, wie hoch der Wasserpegel während der Lebenszeit der jeweiligen Koralle bzw. Korallenschicht war. Daran lässt sich auch nachvollziehen, dass ab circa 20.000 vor Christus eine allgemeine Gletscherschmelze einsetzte. Hierbei handelte es sich zwar nicht um eine ausgesprochene Warmzeit, doch das Nachlassen der Kälte führte dazu, dass die Eispanzer langsam an Masse verloren. Der Höhepunkt dieser Gletscherschmelze wurde um 15.000 vor Christus erreicht. Die Flüsse führten zur damaligen Zeit sehr viel mehr Wasser als heute, was zur Bildung von riesigen - zwischenzeitlich zum Teil wieder ausgetrockneten - Binnenseen führte.

Damals gab es noch einen Wasserüberlauf vom Aralsee über das Kaspische bis zum Schwarzen Meer. Der Kaspisee lag seinerzeit 80 Meter über dem Spiegel des Weltmeeres, während er heute 28 Meter darunter liegt. Der Gesamtzufluss zum Pontos - auch durch die Flüsse Donau, Dnjestr, Bug, Dnjepr und Don war damals so gewaltig, dass das Schwarzmeerbecken die Wassermassen nicht mehr fassen konnte, so dass in der Gegend des Bosporus vorübergehend ein Süßwasserüberlauf zum Mittelmeer entstand. Infolgedessen sank zeitweilig der Salzgehalt des Marmarameeres ab.

Die Sintflut

Mit dem Einsetzen der Warmzeit um ca. 12.500 vor Christus folgte der nächste einschneidende Wandel. Die Gletscher hatten große Mengen Geröll vor sich hergeschoben. Hieraus bildeten sich in Ost-West-Richtung verlaufende natürliche Dämme, so genannte Endmoränen. Vor dieser Barriere sammelten sich die Wassermassen. Die Wolga, die heute in das Kaspische Meer fließt, leitete das meiste Schmelzwasser der nordeuropäischen Gletscher in die Nordsee. Der Frischwasserzufluss zu den südlichen Binnenseen, darunter dem Schwarzen Meer, wurde gedrosselt.

Fehlender Frischwassernachschub und Warmzeit führten dazu, dass das Schwarze Meer (bzw. der dortige Süßwassersee) an den Rändern trockenfiel und insbesondere im Nordwesten erhebliche Landflächen freigab. Während also der Wasserspiegel des Weltmeeres weiter stieg, sank der Wasserspiegel des Schwarzen Meeres durch Verdunstung und geringeren Zufluss ab. Ähnlich erging es dem Vansee in der Osttürkei, dessen Wasserspiegel in der Zwischeneiszeit ab 6.200 vor Christus um ca. 250 Meter sank. Die Folge war ein Anstieg des Salzgehaltes. Das ehemalige Frischwasser wurde hier - wie auch in anderen Teilen des Nahen Ostens, im Aralsee und im Kaspischen Meer - ungenießbar. Das Schwarze Meer teilte dieses Schicksal nicht. Die Ausdehnung und die Tiefe von über 2.000 Metern reichten aus, den Salzgehalt auch in dieser Periode niedrig zu halten, so dass das Wasser zu jener Zeit trinkbar war und Süßwasserflora und -fauna vorherrschten.

Erdgeschichtlich betrachtet gehörte der tiefe Schwarzmeergraben zusammen mit dem Mittelmeer und dem Kaspischen Meer zum Urozean Thetys (benannt nach der Gattin des Okeanos), dem "Ur-Mittelmeer", das sich zwischen den beiden Großkontinenten Laurasia im Norden und Gondwana im Süden erstreckte (270-100 Mio. Jahre vor unserer Zeit). Der Urozean Thetys wurde dann in einen nördlichen und einen südlichen Teil getrennt. Der südliche Teil, in etwa das heutige Mittelmeer, hielt mit Unterbrechungen Anschluss an das Weltmeer. Dagegen war das nördliche "Sarmatische Meer" ein Binnenmeer, das vom Wiener Becken über Ungarn und Südrussland bis zum Aralsee reichte. Es süßte wegen der Zuflüsse im Pliozän (ab 7 Mio. Jahren vor unserer Zeit) aus. Reste sind der Neusiedler See (unter dem heute noch ein riesiges Bitterwasser-Reservoir liegt), das Schwarze Meer, das Kaspische Meer und der Aralsee. Der Donaulauf betrug nur ein Drittel der heutigen Stromlänge, denn die Mündung lag zeitweilig beim heutigen Wien.

Um ca. 5.600 vor Christus erreichte der Wasserspiegel des Weltmeeres und damit auch der des Marmarameeres die Schwelle des Bosporus. Zwischen dem Wasserspiegel des Marmarameeres und dem Wasserspiegel des Schwarzmeeres klaffte zu der Zeit eine Differenz von über 100 Metern. Mit dem weiteren Anstieg des Weltmeeres und dem Bruch des Bosporus ergossen sich in der Folgezeit riesige Wassermassen in das Schwarze Meer - ca. 50 Kubikkilometer am Tag. Der Wasserspiegel des Schwarzen Meeres stieg um durchschnittlich 15 Zentimeter täglich. Dies ermöglichte der Mehrheit der dort lebenden Bevölkerung zwar die Flucht. Jedoch dürften viele ertrunken sein, als sie vom Wasser eingekreist wurden und versuchten, sich auf "Inseln" zu retten, als die Ströme überraschend „rückwärts" flossen. Das Wasser stieg aber entgegen aller Erfahrung weiter an, statt wieder zurückzugehen wie nach einer "normalen" durch Schneeschmelze entstandenen Flut. Insgesamt dürfte der Niveauausgleich etwa ein Jahr beansprucht haben.

Es gab aber keine riesigen Flutwellen, wie man im ersten Augenblick glauben könnte, denn die Energie von Wasserfällen wird beim Aufprall auf Boden oder Wasser aufgezehrt und nicht in Wellen umgesetzt. Das einschießende Wasser am Bosporus musste zunächst bis zum vorhandenen Wasserreservoir gut 50 Kilometer mit einem Gefälle von 100 Metern zurücklegen, so dass der "Wasseransturm" relativ gedämpft erfolgte. Das kühlere und salzhaltigere und damit schwerere Wasser aus dem Marmarameer und dem Mittelmeer sank in die Tiefe, so dass sich der Strom unter Wasser fortsetzte. Mit der Zeit entwickelte sich an der Oberfläche eine Gegenströmung aus wärmerem Wasser mit einem geringeren Salzgehalt. Beide Strömungen existieren bis heute noch gleichzeitig im Bosporus-Durchbruch.

Das einströmende Wasser aus dem Mittelmeer war als sauerstoffarmes Salzwasser für die Flora und Fauna im Schwarzen Meer tödlich. Dies führte dazu, dass in dem ursprünglichen Süßwassersee das gesamte Leben schlagartig erlosch! Es kam zu einer *biologischen Katastrophe*. Das Absterben aller Organismen sowie der damit einhergehende Abbau durch Bakterien führten dazu, dass der Sauerstoffgehalt des Schwarzen Meeres drastisch abfiel. Noch heute lassen sich im Schwarzen Meer eine sauerstofflose Todeszone ab einer Tiefe von ca. 130 Metern sowie aufsteigendes Methan- und Schwefelwasserstoffgas nachweisen. Über den Sedimenten des ursprünglichen Süßwassersees liegt eine meterdicke Schicht, die von abgestorbener Biomasse herrührt.

PITMAN/RYAN waren in der Lage, für diese Flut ein vorläufiges Datum anzubieten. Ebenso wie ROSS/DEGENS während ihrer Expedition im Jahre 1969 entnahmen sie Bodenproben aus dem Schwarzen Meer. Hierbei stellte sich heraus, dass die ursprünglichen Süßwassermuscheln von Salzwassermuscheln überlagert sind. Aufgrund der Datierung mit der C14-Methode waren sie in der Lage, die jüngsten Daten gefundener Süßwassermuscheln sowie die ältesten Daten geborgener Salzwassermuscheln zu fixieren. Bei der C14-Methode wird anhand der Verfallsrate des C14-Isotops, einer Sonderform des Kohlenstoffatoms mit einer Halbwertzeit von 5.760 Jahren, auf das Datum des Absterbens eines Organismus geschlossen; der lebende Organismus nimmt diese Isotope regelmäßig auf, so dass der Anteil dieses Isotops mit dem seiner Umwelt übereinstimmt; nach dem Absterben erfolgt nur noch ein Zerfall, so dass diese Isotope "unterrepräsentiert" sind. Auch wenn diese Methode einen Spielraum lässt, zeigten die Daten, dass

1. die Überflutung um 5.500 (+/- 50 Jahre) vor Christus stattgefunden hat und
2. die Überflutung nicht langsam, sondern schnell, d.h. nach überschlägiger Berechnung innerhalb eines Jahres bis zum Endstand erfolgte.

Nach unserer Auffassung handelt es sich hierbei um eine revolutionäre Erkenntnis, die bisher von den einzelnen Fachwissenschaften noch nicht hinreichend gewürdigt werden konnte. Durch die klare Aussage, dass es eine Flutung der Schwarzmeersenke gegeben hat und deren zeitliche Fixierung ist es möglich, anhand der vorhandenen Daten die Feststellungen von PITMAN/RYAN zu verifizieren und gleichzeitig existierende Daten und Fakten von anderer Stelle unter diesen Gesichtspunkten neu zu interpretieren.

PITMAN/RYAN haben weiterhin ansatzweise dargestellt, dass die Sintflut der Auslöser für einen unübersehbaren gesellschaftlichen Umbruch war: Ab ca. 5.500 vor Christus sind vom Schwarzen Meer aus in alle Richtungen heftige Wanderungsbewegungen sowie der Transfer von Kultur und Wissen zu beobachten. Die Tatsache, dass die ermittelte C14-Datierung mit dem Aufblühen früher Hochkulturen zeitlich zusammenfällt, bestätigt die Richtigkeit dieser naturwissenschaftlichen Feststellungen und ist aus heutiger Sicht auch kein Zufall, sondern eine zwingende Folge der endgültigen Vertreibung einer

17

relativ weit entwickelten Zivilisation aus ihrem angestammten Lebensraum.

Daneben sprechen noch weitere Indizien für die Fluttheorie. Ein Kennzeichen ist das Vorliegen von Flusstälern am heutigen Meeresboden, da sich seinerzeit mit der teilweisen Austrocknung des Schwarzen Meeres die Flüsse einen Weg zur neuen Küstenlinie gegraben hatten. Ein solches Flusstal wurde am Beispiel des Don identifiziert. Im Rahmen einer geplanten Eisenbahntrasse wurde festgestellt, dass das Flussbett des Don auch außerhalb der Schwarzmeersenke ursprünglich deutlich tiefer war und heute mit Sedimenten gefüllt ist. Aber auch die früheren Flussläufe von Donau und Dnjepr, vereinigt mit Dnjestr und Bug vor dem versunkenen Delta, konnten nachvollzogen werden.

Das sehr flache Asowsche Meer entstand erst später nach der Flutung des Pontos und bedeckt die Fläche des ehemaligen Mündungsgebietes des Don. Die Meerenge von Kertsch ist der alte Don-Durchbruch zum Schwarzen Meer. Im flachen Wasser des Asowschen Meeres ist das alte Don-Delta gut auszumachen. Der Einflusswinkel des Don sorgt in dem seichten Gewässer für eine permanente Strömung entgegen dem Uhrzeigersinn, die inzwischen vor der Krim eine durchgehende Landzunge (Arbat) aus den Sedimenten des Donzuflusses gebildet hat.

Insgesamt bestand vor der Flutung des Schwarzen Meeres im Norden eine durchgängige Siedlungsfläche vom Nordwesten des Pontos über die Halbinsel Krim bis zum Asowschen Meer. Eine Tauchfahrt des Entdeckers BALLARD vor der flachen Küste Bulgariens konnte allerdings nicht wie im Süden an der türkischen Steilküste von Erfolg gekrönt sein. In diesem flachen Gewässer wurden in den letzten 7.500 Jahren große Massen von Sedimenten hauptsächlich durch die Donau eingetragen, so dass eine reine Tauchfahrt ohne Bohrungen und Georadar in diesem Gebiet unseres Erachtens jedenfalls für die angepeilte Epoche keine Funde zutage fördern kann.

Die Überflutungsflächen im Süden und im Osten sind dagegen wegen der Steilküste vergleichsweise klein; aber hier wurden unter Wasser bereits alte Siedlungsspuren nachgewiesen. Der Amerikaner BALLARD, der bereits die Wracks der "Titanic" sowie der "Bismarck" lokalisiert hat, fand bei einer Expedition im Sommer 2000 vor der türkischen Stadt Sinop an der südlichen Schwarzmeerküste in 100 Metern Tiefe die Reste einer Siedlung. Hierbei handelt es sich um ein Rechteck von etwa 12 mal 4 Metern. Es wurden geschnitzte Holzbänke, hölzerne

18

Verstrebungen und Werkzeuge, darunter eine Steinaxt, entdeckt. Die Entdecker vermuten, dass dies ein Holzhaus in Pfahlbauweise war. Durch die Verankerung im Boden konnte das Haus der Flut standhalten. Wahrscheinlich hat die sauerstofffreie Todeszone des Schwarzen Meeres zur Konservierung beigetragen.

In den Jahren 1999 und 2002 wurde die durch naturwissenschaftliche Datierungen gestützte Schwarzmeer-Fluttheorie (PITMAN/ RYAN 1997) von einer Forschergruppe um AKSU angegriffen - und zwar auf Basis von Salzkonzentrations-Schwankungen im Marmarameer, gemessen an den Schlammablagerungen "Sapropel S 1". Demnach soll ein ständiger Süßwasserabfluss vom Schwarzen Meer durch den Bosporus stattgefunden haben, dem dann ca. 8.000-7.000 vor Christus die Flutung mit Salzwasser aus der Ägäis in umgekehrter Richtung folgte.

Leider haben sich die vom 3.-7. Juni 2002 im ligurischen Forschungszentrum von Bogliasco bei Genua tagenden Geologen, Archäologen, Anthropologen, Mythologieforscher und Sprachwissenschaftler einschließlich der Marinegeologen PITMAN und RYAN derart überrumpeln lassen, dass sie seitdem bereit sind, alle ihre Theorien von 5.500 auf 6.700 vor Christus umzuschreiben bzw. "umzubauen" (HAARMANN 2003). Das vorgelegte Ergebnis ist ein Kompromiss zwischen Geologen, die vor wenigen Jahren noch behaupteten, es habe gar keine Flutung gegeben - und wenn, dann nicht in den letzten 14.000 Jahren - und PITMAN/RYAN, die eine solche Überflutung für 5.500 vor Christus feststellten. BROSE widerrief auf Basis der ersten Anfeindungen seine verfolgte Idee, wonach Atlantis im Schwarzen Meer zu suchen sei. HAARMANN hat die Daten des Kompromisses übernommen und damit einen ganz offensichtlichen zeitlichen Bruch von 1.200 Jahren zwischen der Flut und ihren Folgen - die er als weltweit anerkannter Wissenschaftler wunderbar herausgearbeitet hat - offenbar werden lassen.

Dabei hätte jeder Tagungsteilnehmer sofort feststellen können, dass die von der Forschungsgruppe um AKSU aufgestellte einfache Beziehung zwischen dem gemessenen Salzgehalt im Marmarameer und der Bosporus-Flutrichtung (die übrigens heute in beide Richtungen gleichzeitig erfolgt) überhaupt gar nichts beweisen kann. Denn dieses kleine Vormeer unterliegt vielerlei Faktoren gleichzeitig, die den Salzgehalt beeinflussen: Stürme, Verdunstungsraten, Niederschläge und schwankende Frischwasserzuflüsse, Veränderungen des Dardanellen-Durchsatzes sowie Veränderungen der Salzkonzentration im Mittelmeer. Schließlich wirkt sich natürlich auch der Bosporus-Durchfluss aus.

Was die Feststellung unter Umständen nahe legt ist, dass der Frisch-wasser-Überlauf aus dem Schwarzen Meer erst relativ spät zum Erliegen kam; das Team von AKSU geht von einem Anstieg des Salzgehaltes im Marmarameer ab 8.000-7.000 vor Christus aus, PITMAN/RYAN hatten 12.500 vor Christus geschätzt. Aber wie lange braucht ein Meer zum Austrocknen? Der Stand des Vansees in Anatolien fiel innerhalb weniger Jahrhunderte um 250 Meter. Der Aralsee verlor in den dreißig Jahren von 1960-1990 dreißig Meter. Nun verfügte das Schwarze Meer noch über nennenswerte Zuflüsse. Dennoch halten wir - richtige Datierung durch die AKSU-Forschungsgruppe mit Bedenken voraussetzend - ein Absinken des Wasserspiegels um ca. 100 Meter in 1.000 bis 2.000 Jahren für denk-bar.

Die ukrainische Schlangeninsel, für die wir vermuten, dass es sich hierbei um einen Teil der alten "Insel" Atlantis handelt, liegt 40 Kilometer vor der heutigen Küste Rumäniens und damit weit von der früheren Küste des Süßwassersees entfernt. Die Insel Atlantis soll nach der Überlieferung jedoch nur zehn Kilometer von der Küste entfernt gewesen sein. Dies ist der einzige Punkt, der uns an der Lage zweifeln lässt – demnach müsste die Insel Atlantis tiefer im Meer liegen. Möglicherweise gibt es noch eine weitere ähnliche Erhebung tiefer im Schwarzen Meer. Andererseits könnte der Niveauunterschied zwischen Marmarameer und Schwarzem Meer tatsächlich etwas kleiner gewesen sein. Dann würde die Lage der Insel eine kürzere Austrocknungs-periode und damit eine kleinere Flut nahe legen.

PITMAN/RYAN haben das Team um AKSU mit eigenen Nachmessungen von organischen Rückständen aus dem Schwarzen Meer auf 6.700 vor Christus "heruntergehandelt" und die Akzeptanz einer Flut unbe-stimmter Größe durchgesetzt. Aber welchen Wert haben diese ausdrücklich "exakten" Nachmessungen? Der ursprünglichen Datie-rung lagen Süß- und Salzwassermuscheln zugrunde. Diese Lebewesen wurden *einzeln* datiert, wobei die jüngsten Süßwassermuscheln in etwa auf 5.500 vor Christus, die ältesten Salzwassermuscheln auf 5.000 vor Christus kamen. Sollten diese ursprünglichen Datierungen (+/- 50 Jahre!) so ungenau gewesen sein? Sollte die Untersuchung organischer Rückstände, die im Zweifel mit anderen Stoffen kontaminiert sind, bessere Ergebnisse liefern? Dies ist nur ein Feigenblatt, um den faulen Kompromiss zu verdecken - Wissenschaft geht wohl doch "nach Brot".

Die Datierung einzelner Muscheln führt zu eindeutigen Ergebnissen - wozu soll die Datierung weiterer unspezifischer organischer Rückstände auf dem Boden des Schwarzen Meeres und des Marmarameeres dienen? Sie kann nur dann ein Indiz sein, wenn man unterstellt, dass der Durchbruch von 50 Kubikkilometern Wasser pro Tag weder im Marmarameer noch im Schwarzen Meer ältere Sedimente aufwirbelt; wenn nach der Flut keine ältere Biomasse aus der sich zur Wüste wandelnden Sahara und aus den von Gletschern freigelegten Gebieten in das Schwarze Meer eingetragen wird; wenn das aufsteigende Methan- und Schwefelwasserstoffgas und die bakterielle Aktivität in diesen Schichten keine älteren Schichten nach oben trägt. Statistisch betrachtet: Unseres Erachtens hat auch der auf 6.800 vor Christus datierte Schlamm ein Alter von maximal 5.500 Jahren. Der Eintrag älterer Biomasse und die Durchmischung mit älterem Material hat das Alter verfälscht. Bereits geringe Einträge aus freigelegten Gletschergebieten mit organischem Material, das 20.000-100.000 Jahre alt sein kann, lässt die Proben im Durchschnitt älter erscheinen.

Die gewählte Strontium 87-Methode unterstellt genauso wie die C14-Methode, dass die Probe zum Zeitpunkt des Absterbens einen bestimmten Anteil dieser radioaktiven Isotope in sich trug; wie aber kann man dies unterstellen, wo doch die weltweite Verteilung dieser Isotope Schwankungen unterliegt? In der Luft sind die Isotope aufgrund von Verwirbelungen gleichmäßig verteilt. Daher sind Folgerungen aufgrund der Daten von Muscheln, die im flachen Wasser nahezu an der Oberfläche leben, grundsätzlich zulässig. Wie aber verhält es sich mit Organismen, die sich nach der Flut in einer Tiefe von 100 Metern ablagern? Wenn man die beschriebene Flut unterstellt, ist die Datierungsmethode für nach der Flut entstandene Organismen unzulässig, da viel ältere Wasserschichten aus großen Tiefen nach oben getrieben wurden (einströmendes Salzwasser ist schwerer als Frischwasser). Der Gehalt radioaktiver Isotope in diesen Schichten steht in keinem direkten Zusammenhang zum Gehalt in der Luft.

Es wäre isoliert betrachtet sicherlich kein Problem, dem faulen Kompromiss der Fachtagung folgend, Atlantis in diesem Buch 1.200 Jahre früher im Schwarzen Meer versinken zu lassen. Damit können wir uns aber nicht zufrieden geben. Nach unseren Recherchen zeigen alle Faktoren außerhalb der oben erwähnten Angriffe so deutlich auf die ursprüngliche Datierung um 5.500 vor Christus, dass wir davon nicht abrücken werden. Atlantis ist nach unserer Meinung eben keine phantastische Geschichte, sondern kann mit den bis heute gewonnen Erkenntnissen über die Steinzeit und die Mythologie exakt in die

Menschheitsgeschichte eingepasst werden. Dabei macht aber selbst bei so langen Zeitläufen eine Differenz von 1.200 Jahren einen großen Unterschied: Die jungsteinzeitliche Diaspora findet eben um 5.500 vor Christus statt!

Aufgrund unserer Recherche von Zeitrechnungen haben wir festgestellt, dass von der oströmischen christlich-orthodoxen Kirche seit dem 7. Jahrhundert nach Christus eine andere Zeitrechnung gepflegt wurde, als sie von Westrom mit dem Julianischen Kalender "ab urbe condita" (ab Gründung der Stadt, später dem Gregorianischen Anno Domini) entwickelt wurde. Diese oströmische Zeitrechnung wurde in Byzanz (heutiges Istanbul) eingeführt. Auffallend war bereits, dass es wohl keinen anderen Ort der Welt gibt, der näher am Geschehen der Sintflut - des Bosporus-Durchbruchs - hätte sein können. Diese Zeitrechnung gibt den Beginn der Menschheit mit dem 1. September 5.509 vor Christus an und folgt somit der Septuaginta-Übersetzung des Alten Testaments für die alexandrinischen Juden, der ersten und ältesten Übersetzung aus dem Hebräischen in das Griechische. Der Ort dieser Übersetzung der Bibel - Alexandria mit seiner Bibliothek - war im 3. Jahrhundert vor Christus auch Aufbewahrungsort der Atlantis-Aufzeichnungen.

PITMAN/RYAN geben einen Zeitrahmen von 5.550 bis 5.450 vor Christus vor. Nach dem Prinzip des mangelnden Grundes ist jede darin enthaltene Jahreszahl gleich wahrscheinlich. Deshalb nehmen wir bis auf weiteres hypothetisch den Neubeginn nach der Flut mit dem 1. September 5.509 vor Christus an. Die Flut selbst begann dann mit den Monsun-Regenfällen im Herbst 5.510 vor Christus. Die Frage der Datierung der Flut ist damit aber noch nicht ausgestanden. Wenige Jahrzehnte früher oder später machen keinen großen Unterschied in der Logik, da alle Altersangaben gewissen Schwankungen unterliegen. Eine Größenordnung von 1.200 Jahren sind wir aber - wie oben beschrieben - nicht bereit zu übernehmen.

Parallele Entwicklungen im Nord-Ostseegebiet

Zur Erhellung und Erhärtung der bisherigen Ausführungen zum Schwarzen Meer sei die ebenso dynamische Ausprägung der Entwicklungen an Nord- und Ostsee kurz skizziert. Landläufig wird die Meinung vertreten, dass das Schwarze Meer gerade zur Zeit der Gletscherschmelze nicht austrocknen konnte, da es heute einen Überschuss in der Wasserbilanz aufweist, der durch die Oberströmung des Bosporus über das Marmarameer und die Dardanellen in das Mittelmeer abgeleitet wird. Die folgenden Ausführungen werden nochmals unterstreichen, wie es dazu kam, dass gerade das Schwarze Meer trotz der Gletscherschmelze Wasser verlieren konnte - allerdings nicht so stark wie der Vansee und andere Binnenseen.

Es handelt sich beim Baltischen wie auch beim Pontischen Meer um Binnenmeere, die - durch die Gletscherschmelze mit Süßwasser aufgefüllt - erst später vom offenen Meer geflutet wurden und heute einen relativ niedrigen Salzgehalt haben (1-2% anstelle der sonst üblichen ca. 3% im Weltmeer), weil große Ströme ständig Frischwasser zuführen. Die Entwicklungsgeschichte lässt sich zeitlich anhand von Süß-, Salz- und Brackwassermuscheln sowie Schnecken datieren.

v. Chr.	Entwicklungsstufe der Ostsee
bis 13.000	Das Gebiet der späteren Ostsee ist von einer Gletscherzunge bedeckt.
13.000-8.000	Die Gletscher ziehen sich zurück, die Ostsee wird zu einem Süßwassersee; Entstehung auch der Ladoga- und Onega-Süßwasserseen
8.000-7.250	Durch den Anstieg des Weltmeeresspiegels wird der Süßwassersee geflutet; die Ostsee wird über den Ladoga- und Onega-See in Karelien eine Meerverbindung zwischen Nordsee und Weißem Meer (Randmeer des Nordpolarmeers südlich der Barentssee).
7.250-5.100	Durch die Entlastung von Gletschereis steigt Skandinavien an, die Ostsee "steigt vorübergehend aus dem Weltmeer" und mutiert zu einem Süß/Brackwassersee.
5.100-heute	Durch den nachhaltig weiteren Anstieg des Weltmeeres dringt wieder Salzwasser über den Beltsee in die Ostsee ein; für eine nochmalige Flutung bis zum Weißen Meer reicht es jedoch nicht aus; Ladoga- und Onegasee bleiben Süßwasserseen; die Durchfahrt von der Ostsee zum Weißen Meer über Ladoga- und Onegasee ist heute durch Kanäle und Flüsse möglich.

Die Entwicklung in der Ostsee darf man sich als dynamischen Wettlauf zwischen (1) dem ansteigenden Spiegel des Weltmeeres und (2) der Hebung der nordeuropäischen Landmasse vorstellen. Anfänglich überwog der Anstieg des Weltmeeres infolge der Eisschmelze, so dass die Ostsee überflutet wurde. Aufgrund des Wegfalls der Gletschermassen hob sich die Landmasse dann - geologisch gesehen – schlagartig an, so dass die Ostsee wieder über den Spiegel des Weltmeeres gehoben wurde. Schließlich gewann der Anstieg des Weltmeeres wieder die Oberhand, so dass sich die Ostsee heute als Salzwassermeer präsentiert - allerdings wegen der vielen Zuströme mit relativ geringerem Salzgehalt als das Weltmeer.

Die Depression der nordeuropäischen Platte durch die skandinavischen Eismassen - verbunden mit der Aufschüttung von Geröllmassen am Ende der Gletscherzungen - führte dazu, dass die Wasserscheide deutlich weiter im Süden lag. Die Wassermassen der abschmelzenden Gletscher flossen nicht in das Schwarze Meer, sondern entlang der Endmoränen in die Nordsee. Bis zu dieser Wasserscheide flossen auch Dnjestr, Dnjepr und Don nicht nach Süden, sondern nach Norden in Richtung der Gletscher. Die "zerrissenen" Flusssysteme lassen sich heute auf jeder Karte noch leicht ausmachen. So gibt es den Fluss Bug heute doppelt; die Quellen liegen nahe zusammen, aber einer fließt nach Süden, einer nach Norden. Sogar die Donau floss teilweise wegen des von den Alpengletschern geschaffenen Gefälles durch den Bodensee, der ein alpiner Gletschersee war, in den Rhein.

In der Nordsee kann man die alten Flussläufe noch am Meeresgrund erkennen, die vor dem Durchbruch der Landbrücke zwischen Frankreich und England (Straße von Dover) bis zur weiter nördlich gelegenen Nordseeküste fließen mussten: Elbe, Weser und Ems mündeten nordöstlich, der Rhein und sein damaliger Nebenfluss Themse (aus England kommend) nordwestlich der heutigen Doggerbank, die noch lange eine Insel war.

Auch in diesem Fall war der Anstieg des Weltmeeres für die Flutung des "Kanals" verantwortlich, wobei hier das Wasser gleichzeitig im Atlantik und in dessen Randmeer, der Nordsee, nach und nach anstieg, so dass die Flut die Straße von Dover (Pas de Calais) von Osten und den Kanal (La Manche) von Westen bildete. Mit dem Rückgang des skandinavischen und schottischen Inlandeises, das bis 20.000 vor Christus die ganze Nordsee bedeckte, wurde dieser Prozess eingeleitet. Bis zum Beginn des 6. Jahrtausends vor Christus bestand noch eine Landbrücke zwischen England und dem europäischen Festland.

Erdbeben und Vulkane rund um den Hellespont

Die Geschichte zeigt, dass Erdbeben, Vulkanausbrüche und Überflutungen selten wirklich nachhaltige Auswirkungen auf die menschliche Entwicklung hatten. Es ist unbestreitbar, dass diese Naturkatastrophen für die jeweiligen Individuen einschneidende Konsequenzen haben. In manchen Fällen gibt es Hunderte, Tausende, vielleicht Hunderttausende von Toten und Obdachlosen durch solche Ereignisse. Auch wenn die Betroffenheit in den jeweiligen Generationen sehr hoch ist, lässt sich feststellen, dass nur ein geringer Teil der Bevölkerung ausfällt. Die Infrastruktur bzw. das Wissen um den Aufbau von Infrastrukturen bleiben in aller Regel erhalten, so dass die Schäden innerhalb einer Generation ausgebessert werden. Zuweilen wurden diese Katastrophen zum Anlass genommen, zerstörte Städte nach einem neuen, praktikableren Muster oder an anderer Stelle wieder aufzubauen. Somit bilden Erdbeben, Fluten und Vulkanausbrüche zwar spektakuläre Schlagzeilen der Menschheitsgeschichte, sie hemmen jedoch nicht die tatsächliche Entwicklung, sie können sie sogar beschleunigen.

Auch Fluten vertreiben in der Regel die Menschen nicht endgültig aus ihren flutgefährdeten Siedlungsgebieten, sei es im Oderbruch, in Holland oder in Bangladesch. Im Falle der folgenden Betrachtungen spielt die Geologie jedoch eine ganz bedeutende Rolle. Es handelt sich hier jedoch um einen Fall, der tatsächlich nachhaltig die Menschheitsgeschichte beeinflusst hat. So ist es denkbar, dass die betroffene Bevölkerung schon früher absehen konnte, dass es hier zu einer Überflutung kommen würde. In diesem Fall hätten wenigstens bestimmte "Eingeweihte" (Priester, Könige, Propheten...) Vorsorge treffen können (Vorwarnung durch "Gott", Bau einer "Arche"). Gleichzeitig hätte ein solches drohendes Ereignis auch ein Auslöser für Wanderungswellen und kriegerische Auseinandersetzungen sein können.

Andererseits ist es nicht ausgeschlossen, dass ein Erdbeben den Riss der Landbrücke vorzeitig ausgelöst hat. Es könnte auch ein Seebeben gegeben haben, dessen gigantische Wellen den Bosporus mit einer solchen Gewalt überfluteten, dass sich in der Folge sehr schnell ein reißender Strom entwickelte. Dies hätte eine zu dem Zeitpunkt unerwartete Flutung zur Folge gehabt. Insbesondere die Flutsage der Insel Samothrake in der Agäis (am besten bekannt durch die "Nike von Samothrake" im Louvre, Paris) weist auf ein Seebeben mit hohen Wellen hin - wie sollte sonst eine gebirgige Insel überflutet werden? Allerdings könnte es sich bei dieser Flutüberlieferung auch um eine auf die Insel übertragene Überlieferung aus der Schwarzmeerregion handeln, die die Thraker auf die Insel mitbrachten, ohne sie den örtlichen Gegebenheiten anzupassen.

Die Türkei und Griechenland sind durch zwei Ost-West-Erdbeben-linien gefährdet. Die anatolische Halbinsel ist wie ein Reiskorn zwischen der eurasischen und arabischen Platte eingeklemmt. Die zwei Linien haben in der Vergangenheit zu sehr vielen heftigen Erd- und Seebeben geführt. Neben tektonischen Erschütterungen sind auch vulkanische Beben und Ausbrüche aufgetreten. Im betrachteten Zeitraum ab 10.000 vor Christus ist die Zahl der Vulkanausbrüche jedoch nicht sehr hoch. Hervorzuheben ist der Vulkanausbruch von Santorin, der einer der heftigsten Vulkanausbrüche der jüngsten Erdgeschichte ist und der nach Meinung einiger Autoren Atlantis vernichtet haben soll. Aber auch auf der anatolischen Halbinsel gab es in den letzten 10.000 Jahren noch einige Vulkanausbrüche, die nach-weislich menschliche Ansiedlungen betroffen haben. Heiße Quellen und Gasausströmungen sind allgegenwärtig und zeugen von der permanenten Gefährdung durch Vulkane. Das antike Heilbad Hiera-polis mit seinen Sinterterrassen (türk. Pamukkale = wie mit Baum-wolle) wäre ohne Vulkanismus nicht vorhanden, musste aber im Alter-tum wegen heftiger Erdbeben zweimal neu errichtet werden und liegt längst wieder in Trümmern.

Die *nördliche Erdbebenlinie* zieht sich von Griechenland durch die Dardanellen, das Marmarameer, vorbei am Bosporus und dann entlang der türkischen Nordküste des Schwarzen Meeres. Hierbei handelt es sich um eine Seitenverschiebung, die sich häufig in heftigen Erdbeben entlädt. Samothrake liegt insofern an einer gefährdeten Stelle und konnte ebenso wie der Bosporus Opfer von "Tsunamis" (Jahrhundert-wellen) eines von Erdbeben oder von Erdrutschen ausgelösten See-bebens werden.

Die *südliche Linie* zieht sich vom Mittelmeer über Zypern bis in die Osttürkei. Soweit die Zentraltürkei betroffen ist, haben wir es mit einer Seitenverschiebung zu tun, die Erdbeben auslöst. Im Falle der Osttür-kei handelt es sich um eine Kollision, die in der Vergangenheit zur Auffaltung des Kaukasusgebirges an der georgisch-russischen Grenze geführt hat. Diese Auffaltung hatte auch eine Reihe von Vulkan-ausbrüchen zur Folge. So ist der 5.165 Meter hohe Ararat an der türkisch-armenischen Grenze ein Vulkanberg. Soweit die südliche Erdbebenlinie im Mittelmeer verläuft, sprechen wir von einer Subduk-tionszone, wobei die afrikanische Platte unter die eurasische Platte geschoben wird.

Die anatolische Halbinsel ist geologisch gesehen eine der aktivsten Regionen der Erde, wie man den regelmäßigen katastrophalen Erdbebenmeldungen in den Nachrichten entnehmen kann.

Nach dem Dammbruch am Bosporus

Zum Zeitpunkt der Flutkatastrophe lag der bereits stark gestiegene Spiegel des Weltmeeres immer noch 15 Meter unter dem heutigen Niveau. Es folgte von 5.000 bis 3.000 vor Christus eine weitere nacheiszeitliche ausgeprägte Warmzeit mit deutlich erhöhten Temperaturen (Übergang von der Zwischeneiszeit 5.800-5.000 vor Christus). In dieser Zeit wurde der größte Teil der noch bestehenden Differenz zum heutigen Stand des Weltmeeres aufgeholt. So ist es nur logisch, dass bald nach dem Schwarzen Meer auch das Ostsee-Süßwasserbiotop wieder ein Opfer der salzigen Fluten wurde.

Eine Anhebung des Meeresspiegels um 15 Meter mag auf den ersten Blick unbeachtlich erscheinen. Dabei sollte der Leser aber im Auge behalten, dass bereits ein Anstieg um wenige Meter, nehmen wir hier einmal 5 Meter an, Holland, Bangladesch und viele andere Orte in Paradiese für Sporttaucher verwandeln würde. Ein großer Teil der Inseln im Pazifik und im Indischen Ozean würde schon bei einem Anstieg des Weltmeeresspiegels um einen Meter im Wasser verschwinden. Der Anstieg des Wasserspiegels um noch einmal 15 Meter in nur 2.000 Jahren hatte für unser durch Oberflächenarchäologie geprägtes Geschichtsbild bisher erhebliche Folgen.

Funde von frühen menschlichen Kulturen in den verschiedensten Küstengewässern häufen sich in jüngster Zeit. In der Ostsee vor Mecklenburg-Vorpommern kann man jungsteinzeitliche Siedlungen bei Tauchgängen erkunden. Beiläufig kommt ans Licht, dass vor der indischen Küste Tempelanlagen, Siedlungen und auch ganze Städte in Wassertiefen von 5 bis 40 Metern versunken liegen. Auf Malta führen von Menschen geschaffene Spuren bis tief in das Meer hinein. Küstensenkungen mögen das Versinken alter Siedlungsspuren hier und da noch beschleunigt haben. Für die Ostsee ist das schon nachgewiesen und die griechischen Kolonien am Schwarzen Meer liegen heute auch in geringer Tiefe vor der Küste.

Wenn man die katalogisierten archäologischen Funde ansieht, sollte man bedenken, dass durch den Wasseranstieg von 5.000-3.000 vor Christus eine wesentliche Wahrnehmungsverzerrung gegeben ist.

Relikte früherer Hochkulturen, die in der Zeit nach der Großen Flut vielleicht um 5.000 vor Christus ihre Blüte gehabt haben mögen, dürften heute zu einem Großteil von Wasser verschlungen und von Sedimenten bedeckt vor den Küsten der Weltmeere liegen, gerade solche, die in Küstenstrichen und Flussmündungen besonders erfolgreich waren. Diese Verzerrung führt dazu, dass die Geschichtsschreibung die frühe Zivilisation der Menschheit in aller Regel erst um 3.000 vor Christus wahrnimmt. Dies bedeutet nicht, dass es vorher keine Hochkulturen gab, es bedeutet lediglich, dass man solche Kulturen nicht gefunden hat, weil sie vor der Küste Indiens, im Nildelta, im Pontos, im südlichen Kaspisee und an anderen Stellen von Wasser und Sedimenten begraben sind.

Aus unserer Sicht spricht sehr viel dafür, dass der Entwicklungsstand der Menschen sowohl vor 5.500 als auch in der Zeit von 5.500 bis 3.000 vor Christus deutlich höher war als bisher angenommen. Da aber die ersten Siedlungen bevorzugt in Flussdeltas und an Küstenstrichen angelegt wurden, um die natürlichen Lebensgrundlagen von Land, Süßwasser und Meer optimal zu nutzen, fielen diese dem weiter ansteigenden Weltmeer (Überflutung) und/oder der damit zusammenhängenden Verlandung an den Flussmündungen (Alluvium) zum Opfer - vielleicht in Verbindung mit Küstenabsenkungen an verschiedenen Orten.

In Ägypten begann die Geschichtsschreibung bisher mit der ersten Dynastie um 3.000 vor Christus. Jetzt realisiert man erst, dass Nilfluten und Absenkungen des Nilbettes sowie die Dynamik des Nildeltas gerade die ältesten Siedlungsspuren verdeckt haben, während in der Wüste gelegene Bauten extrem gut konserviert wurden. Die älteste bekannte Hauptstadt von Ägypten war Buto im Nildelta, bevor Memphis mit der Vereinigung von Ober- und Unterägypten diese Rolle übernahm. Die Relikte des alten Buto liegen heute tief unter der Erde. Ebenso verhält es sich mit der ältesten griechischen Stadt im Nildelta - Naukratis - und der einst viel gerühmten Stadt Sais; und Meeresarchäologen wie GODDIO haben erst kürzlich die untergegangenen Städte Herakleion und Kanopus in der Bucht von Aboukir sowie den versunkenen Palast Kleopatras im Hafen Alexandrias gefunden, weil diese glücklicherweise nicht von Sedimenten bedeckt sind.

Nachdem die Gletscherschmelze 3.000 vor Christus zu einem Stillstand gekommen war, ging die Verlandung der Küstenstriche weiter. So liegt eines der Sieben Weltwunder, der Artemis-Tempel von

Ephesos, in einer tiefen Senke, wo er doch seinerzeit hoch aufragend über der Ägäis die Hafenstadt Ephesos schmückte, die heute acht Kilometer landeinwärts liegt. Auch die alte Hafenstadt Ravenna, die einst einen Großteil der römischen Flotte beherbergte, liegt heute weitab von der Küste, so wie auch die frühere Hafenstadt Roms, Ostia Antica und auch die anatolische Stadt Troja, die lange Zeit als Hafenstadt den Engpass der Dardanellen kontrollierte. Geologen nahmen die Phänomene der Verlandung zum Anlass, vom so genannten *Alluvium* zu sprechen - im Gegensatz zum Diluvium, der vorhergehenden Flutung durch die Gletscherschmelze.

Dass also alle Hochkulturen einschließlich der Schriftentwicklung scheinbar ab 3.000 vor Christus entstanden sind, ist das Ergebnis der archäologischen Fundsituation. Tatsächlich gibt es einen 3.000-jährigen Vorlauf der Zivilisation, der nicht nur im Schwarzen Meer, sondern auch andernorts tief unter Wasser und Sand begraben liegt, so dass die Archäologie wohl vermehrt auf Georadar und Bohrungen statt auf Ausgrabungen setzen muss, um die Geschichte vor 3.000 vor Christus in Szene zu setzen. Denn die Mittel für Unterwassergrabungen, die ja ausgewachsene Tiefbauprojekte wären, stehen in der erforderlichen Größenordnung nicht zur Verfügung. Die Unterwasserarchäologie mit Tauchern und U-Booten kann nur finden, was nicht von Sedimenten bedeckt ist und offen sichtbar am Meeresgrund liegt. Gerade die ältesten Siedlungsrelikte sind aber heute am tiefsten unter der Erde im Grundwasser, oder gar unter dem Meeresboden, begraben.

Das Hinabtauchen zum Fuß der Schlangeninsel, der letzten Landmarke von Zentral-Atlantis, ist auch Sporttauchern möglich. Die Wassertiefe beträgt dort ca. 15 Meter. Sporttaucher werden dort nichts finden als Schlamm, Steine, Zivilisationsmüll und griechische Scherben. Die interessanten Atlantis-Schichten sind von eingetragenen Sedimenten des noch lange bis dahin reichenden Donaudeltas und vom Abtrag der Insel selbst als Folge von Erosion bedeckt. Am Fuße der Insel müsste noch einmal mehrere Meter tief gegraben oder gebohrt werden - daher sind Atlantis-Relikte bisher auch nicht zufällig an den Strand getrieben worden.

DER ARCHÄOLOGISCHE BEFUND

Jäger und Sammler

In der Chronologie der Zivilisationsentwicklung möchten wir mit der "jüngeren Altsteinzeit" beginnen. Häufig werden die Menschen dieser Epoche als Höhlenmenschen dargestellt. Darin ist eine Verzerrung zu sehen, die daraus resultiert, dass sich die Funde in Höhlen besser erhalten haben als an der Wind, Wetter und sonstigen Einflüssen ausgesetzten Erdoberfläche beispielsweise bei Hütten- und Zeltdörfern. Zu dem Mythos der "Höhlenmenschen" haben auch die bekannten Höhlenmalereien beigetragen, die ab 30.000 vor Christus beginnen und in der Zeit von 23.000-10.000 vor Christus ihren Höhepunkt im Raum des heutigen Frankreich und Spanien und im Ural erreichen. Dazu kommen inzwischen möglicherweise Schmuckfunde in Form von aufgereihten Schneckenhäuschen aus südafrikanischen Höhlen, die 75.000 Jahre alt sein sollen.

Bezeichnend für die Menschen in dieser Epoche waren die so genannten Venus-Figuren, die von Sibirien bis nach Westeuropa zumeist in Wohnstellen gefunden wurden. Nicht endgültig geklärt ist die Frage, ob diese Figuren als Vorläufer der "Großen Mutter" zu sehen sind. Ansonsten spielen auch Horn- und Knochenschnitzereien von Wildtieren eine Rolle. Prägend für diese Epoche war weiterhin die Ausrichtung auf Jagen und Sammeln unter Verwendung von Hieb-, Stich- und Fernwaffen. Pfeil und Bogen sind ab 14.000 vor Christus nachgewiesen. Auch wenn diese Jäger bereits unter Einsatz ihres Organisationstalents und ihrer Sprache als Verständigungsmittel Großwild erlegt haben, darf dennoch nicht verkannt werden, dass kleine Tiere sowie die Fischerei einen erheblichen Beitrag zum Lebensunterhalt leisteten. Die Steinzeitwerkzeuge dieser Epoche waren fein gearbeitet und setzten sich von ihren Vorgängern insbesondere durch eine Kombination mit anderen Werkstoffen wie Knochen, Elfenbein und Holz ab.

Beispielhaft sollen an dieser Stelle die folgenden Fundorte dargestellt werden:

In *Meshirititsch* (in der Ukraine) wurde ein Lager von Großwildjägern aus der Zeit um 14.000 vor Christus gefunden, die ihre Hütten aus Mammutknochen und Stoßzähnen erbauten. Auch hier wurden die oben erwähnten Venus-Figuren gefunden. Diese Art der Ansiedlung dürfte für die nördliche Region in der Nähe der Gletscher typisch gewesen sein.

Eine jüngere Ausgrabung ist der Siedlungshügel von *Göbekli Tepe*. Hierbei handelt es sich um einen Hügel von ca. 15 Metern Höhe und 300 Metern Durchmesser, der durch menschliche Nutzung entstanden ist. Er befindet sich in der Osttürkei an der Grenze zu Syrien. In dieser Region wurden später auch erste landwirtschaftliche Aktivitäten entfaltet. Beeindruckend ist der Erhaltungszustand der Anlage. Die jüngsten Funde datieren bis in das Jahr 8.000 vor Christus, die ältere Schicht wurde bereits 9.000 vor Christus verlassen und hat vorher bereits eine Siedlungsgeschichte von mehreren Tausend Jahren gesehen.

Die Erbauer waren Jäger, die bereits über ein ausgeprägtes Organisationstalent verfügten. Davon zeugt die Größe der gefundenen megalithischen Kreisanlagen, die einen Durchmesser von bis zu 20 Metern erreichen und deren Stelen ein Gewicht von mehreren Tonnen aufweisen. Bezeichnend ist jeweils ein Pfeilerpaar in der Mitte. Die Steine sind mit Reliefs von Wildtieren wie Löwen, Stieren, Keilern, Füchsen und Schlangen geschmückt. Es wird diskutiert, ob es sich hierbei um eine frühe Bilderschrift handelt. Besonders ungewöhnlich ist, dass diese Anlage nicht einfach verlassen oder zerstört wurde. Am Ende der Nutzung wurde sie - aus welchen Gründen auch immer - mit Erde verfüllt, was zu dem sehr guten Erhaltungszustand beigetragen hat. Die Anlage dürfte gleichzeitig ein Versammlungszentrum der an sich nomadisierenden Stämme sowie ein religiöses Zentrum gewesen sein.

Aus dem Kulturraum Ägypten sei noch die Ansammlung von Funden in *Nabta* (Sahara, etwa 100 Kilometer westlich von Abu Simbel) genannt. Hierbei handelt es sich um ein großes und bedeutendes zeremonielles Zentrum der jungen Altsteinzeit ab circa 11.000 vor Christus. Auch hier wurden megalithische Anlagen gefunden. Dies zeigt, dass die Anlage von Göbekli Tepe - wenn auch hervorragend - nicht die einzige Anlage ihrer Art ist. Die Versammlung der nomadisierenden Stämme bzw. Clans zu bestimmten Jahreszeiten war über Jahrtausende hinweg ein prägendes Muster dieser Kultur und zeigt, dass es *auch damals bereits einen überraschend hohen Grad an Organisation, kulturellem Austausch und Handel gab.*

Die landwirtschaftliche Entwicklung ab 8.000 v. Chr.

Mit dem Ende der Eiszeit setzte ein Klimawandel ein. Spätestens mit Beginn der kleinen Warmzeit ab 9.400 bis 6.200 vor Christus - aber auch schon in der ersten Warmzeit ab 12.500 bis 10.500 vor Christus - nahmen die Niederschläge zu. Die Temperaturen stiegen an. Dies führte dazu, dass Anatolien in weiten Teilen von Wäldern überzogen wurde. Gleiches gilt für das heutige Griechenland. Ob und inwieweit sich nördlich des Schwarzen Meeres bereits Laubwälder entwickelten, ist derzeit noch strittig. Es ist aber anzunehmen, dass sich in bestimmten Gegenden, zum Beispiel im Donautal und in den südlichen Ebenen, bereits Wälder entwickelten, während das restliche Gebiet noch von Steppen und Nadelhölzern dominiert wurde. Spätestens ab dem 6. Jahrtausend vor Christus kam es hier allerdings zu einem schlagartigen Wandel, der zu einer schnellen Bewaldung Nordeuropas und einer Nutzbarkeit für die Landwirtschaft führte. Die Sahara war zu dieser Zeit vorübergehend bis zur neuerlichen Wüstung (Übergang ca. 6.000-3.000 vor Christus) eine für Menschen bewohnbare Steppe.

In diesem Zeitraum stand einer sehr geringen Bevölkerung eine große natürliche Vielfalt gegenüber. Das Überleben wurde leichter. Die Menschen begannen zudem eine aneignende Landwirtschaft, bei der gelegentlich und an bestimmten Stellen gesät und geerntet wurde. Mit der hierdurch zunehmenden Bevölkerung entwickelte sich bei einem großen Angebot an natürlichen Ressourcen (fruchtbare Böden und Wasser) aus der aneignenden Landwirtschaft eine erste sesshafte Landwirtschaft. Nachdem die Menschen bereits ab 9.000 vor Christus Schafe und Ziegen als Nahrungsquelle mit sich führten, ist ab 8.500 vor Christus der regelmäßige Anbau von Getreide (Weizen und Gerste) nachgewiesen. Später traten weitere Kornarten wie auch Hülsenfrüchte hinzu.

Diese neue Wirtschaftsweise blieb nicht ohne Folgen. Um neue Flächen bewirtschaften zu können, war eine *Rodung* von Wäldern erforderlich. Da die nachhaltige Düngung noch nicht erfunden war, gab es vor allem Wanderfeldbau, bei dem die Siedlungsgruppen nach Auslaugung der genutzten Felder weiterzogen und bisher unangetastete Flächen rodeten. Die Rodung von Waldflächen führte zur Erosion der betroffenen Gebiete. Durch die in dieser Zeit besonders weit verbreiteten Niederschläge (zeitweise Monsunregen im Mittelmeerraum) wurde der verbliebene Boden abgetragen und über die Flüsse bis in die Meere geschwemmt.

Die Rodung alleine hätte wahrscheinlich nicht zu einer weitgehenden Entwaldung und Verkarstung von Anatolien und Griechenland geführt. Hinzu trat der *Einschlag* von Holz, das als Bau- und Brennmaterial verwendet wurde. Ein großer Schritt dorthin war das Aufkommen der Keramik, verstärkt ab dem 6. Jahrtausend vor Christus. Die Keramikgefäße gingen einher mit der Zubereitung von Speisen auf dem Feuer, die Brennholz verlangte (Kochen von Brei, daneben Backen; Holzfeuer für Wärme und Licht, Braten von Fleisch bereits in der Altsteinzeit). Die massenhafte Herstellung der Keramik selbst erforderte den Betrieb von Brennöfen. Dieser Trend eskalierte mit dem weit verbreiteten Aufkommen von Metallen: Kupfer ab 5.000, Bronze ab 3.000 vor Christus, wobei Kupfer stellenweise schon mit Beginn der Mittelsteinzeit ab 8.000 vor Christus genutzt wurde: man spricht dann auch von Kupfer-Steinzeit oder Chalkolithikum.

Hinzu trat die *Weidewirtschaft*. Bereits ab 9.000 vor Christus waren Schafe und Ziegen domestiziert. Spätestens nach der Domestizierung der Rinder ab ca. 6.200 vor Christus nahm die erste von Menschenhand verursachte Umweltkatastrophe ihren Lauf. Denn die durch Rodung und Einschlag entwaldeten Flächen konnten sich ab diesem Zeitpunkt nicht mehr erholen, da die verbliebenen Flächen durch Verbiss und Weidewirtschaft keine Gelegenheit mehr bekamen, sich zu regenerieren.

Aus den ursprünglich stark bewaldeten artenreichen Gegenden wurden karge und felsige Landschaften (Verkarstung). Die Flüsse führten große Mengen an Sedimenten mit sich, so dass im Laufe der Jahrtausende die Küstenlinien durch Anlandung in vielen Gegenden vorgeschoben wurden und sich weitflächige Flussdeltas herausbildeten.

Die nachfolgende Aufstellung zeigt, zu welchen Zeitpunkten die Domestizierung und Züchtung der jeweiligen Tiere und Pflanzen erstmals nachgewiesen ist. Dies bedeutet jedoch nicht, dass die jeweilige Art erst ab diesem Zeitpunkt genutzt wurde. Es kann beispielsweise durchaus sein, dass Weizen schon sehr viel früher die Existenzgrundlage einiger Menschen bildete. Genauso gut kann es sein, dass das Pferd bereits früher domestiziert wurde, aber noch keine wirtschaftliche Grundlage einer Kultur bildete. Ein wichtiger Aspekt dieser Tabelle ist, dass das *Schwein* bereits 6.500 vor Christus in China domestiziert wurde, dann aber bereits einige hundert Jahre später auch in Anatolien und letztlich auch in Europa genutzt wurde. Gelegentlich wird dies als ein Indiz dafür gewertet, dass es schon einen Austausch zwischen den Kulturen des Schwarzen Meeres und Asiens gegeben hat.

v. Chr.	Domestizierung/Züchtung
10.000	Wolf/Hund
9.000	Schaf/Ziege
8.500	Emmerweizen, Gerste in Israel
7.500	Katze (Zypern nach neuesten Erkenntnissen; 3.000 Harappa/ Induskulturen und 2.500 Ägypten)
7.000	Einkornweizen in Syrien, Hartweizen in der Türkei, Erbsen und Linsen
6.500	Schwein in China
6.200	Rind in der Südosttürkei, Schwein in Anatolien und Europa
4.500	Pferd
4.000	Esel (im Niltal)
3.000	Elefant (Indien), Kamel (Arabien), Esel (Israel)

Frühe menschliche Ansiedlungen

Palästina

In Palästina ist eine Ansiedlung besonders erwähnenswert. Hierbei handelt es sich um die Stadt *Jericho*. Diese wird auch als die erste und älteste Stadt der Menschheit bezeichnet. Die Stadt liegt im Jordantal direkt an einer Quelle, die auch heute noch eine große Oase speist.

Die erste Besiedlung der Epoche ab 7.250 vor Christus ist die relativ zum Umfeld am weitesten entwickelte. Die massive Befestigungsanlage ist die älteste bekannte Anlage ihrer Art. Der Turm mit einem Durchmesser von 9 Metern hat heute noch eine Höhe von 8 Metern und ist für sich schon beeindruckend genug. Auch die Tatsache, dass es bereits eine Bewässerungswirtschaft gegeben hat, lässt auf den sehr hohen Entwicklungsstand der hier ansässigen Gruppe von Menschen schließen. Anfang oder Mitte des 7. Jahrtausends vor Christus wurde die Siedlung allerdings verlassen und blieb danach für mehrere Jahrhunderte unbewohnt. Möglicherweise ließen die klimatischen Bedingungen zu dieser Zeit eine weitere Besiedlung nicht mehr zu.

Phase	Datierung v. Chr.	Merkmale Jerichos
"Natufien shrine"	7.250 - ca. 6.800 (abruptes Ende)	Befestigungsmauer 1,75 m Durchmesser Wehr(?)Turm 9 m Durchmesser Rundbauten Bewässerungswirtschaft Obsidianhandel mit Anatolien
PPN A	6.350 - 5.630	2.000 Einwohner Rechteckhäuser Figuren "Große Göttin" Handwerk, Handel ebenfalls: Befestigung, Obsidian noch keine Keramik
PPN B	5.630 - 5.000	Lebensgroße Statuetten/Figuren Schädelkult Steinsockel mit 46 cm hoher Stele aus vulkanischem Gestein

PPN A und B = Vorkeramisches Neolithikum: Obwohl die Ansiedlung aus der Zeit vor dem Auftreten der Keramik datiert, wird ihr eine frühneolithische Qualität - allerdings ohne das Vorkommen von Töpferwaren - zugesprochen.

Interessant ist auch die Siedlungsphase PPN A ab 6.350 vor Christus. In der befestigten Stadt lebten etwa 2.000 Einwohner. Es ist aber davon auszugehen, dass diese Siedlungsgruppe völlig andere Ursprünge hatte als die vormalige Bevölkerung. Hierfür sprechen die Umstellung von Rund- auf Rechteckhäuser, kultische Figuren der Großen Göttin und ein sehr viel ausgeprägterer Handel. Diese Besiedlungsphase überschneidet sich zeitweise mit der Besiedlung von Catal Höyük in Anatolien. Es lassen sich durchaus Verbindungen herstellen. Insbesondere die aufgefundenen Figuren der Großen Göttin lassen auf einen ähnlichen Kult schließen. Für Jericho ist schon aus frühester Zeit der Obsidian-Handel mit Anatolien nachgewiesen. Dieser spielte auch in Catal Höyük eine große Rolle.

Ab 5.630 vor Christus beginnt die Besiedlungsphase PPN B. Hier sind insbesondere die folgenden Aspekte hervorzuheben: Zunächst der verbreitete Schädelkult, bei dem der Schädel (ohne Unterkiefer) vom Körper des Toten getrennt und gesondert behandelt wurde. Weiterhin wurde in dieser Besiedlungsschicht eine 46 Zentimeter hohe Säule aus vulkanischem Gestein gefunden, die ursprünglich wohl auf einem Steinsockel stand und kultischen Zwecken diente. Schließlich wurden aus dieser Besiedlungsphase lebensgroße Statuetten bzw. Figuren gefunden, die ebenfalls kultischen Charakter besaßen.

35

Anatolien

Die wohl hervorragendste Ansiedlung der betrachteten Zeit in Anatolien ist *Catal Höyük* in Zentralanatolien in der Region Konya. Die Anfänge dieser Siedlung gehen bis 7.300 vor Christus zurück. Die Besiedlung endete 6.200 vor Christus, möglicherweise auch erst 6.100 vor Christus. Danach wurde zeitweise eine ähnliche Ansiedlung an anderer Stelle in der Nähe bewohnt. Die Ansiedlung lag in der Nähe eines Flusses, der sich an dieser Stelle zum See ausbreitete und beherbergte in ihrer Blütezeit ca. 3.000 Einwohner.

Die Siedlung befand sich in einem agrarischen Umfeld. So wurde der Anbau von Weizen, Gerste, Erbsen und Linsen festgestellt. Weiterhin wurden offenbar auch Nüsse und ähnliche Früchte kultiviert. Das Bild wurde gegen Ende der Besiedlung durch Rinderhaltung abgerundet.

Auffallend ist der hohe Anteil an Kulträumen, die etwa ein Viertel bis ein Drittel der heute verifizierten Besiedlungsfläche ausmachen. Auch in den Häusern gab es kultische Einrichtungen. So wurden in dieser Ansiedlung Malereien und Plastiken gefunden. Neben der Mutter Erde, die sich in Figuren schwangerer bzw. "üppiger" Frauen manifestierte, spielte der Stierkult eine herausragende Rolle. So gab es eine Vielzahl von Stieraltären und Bukranien. Bukranien sind Säulen oder Vorsprünge, die mit Hörnern von Stieren verziert sind.

Neben der Verehrung des Stieres und der "Großen Mutter" spielten Geier und Leoparden noch eine Rolle. Offenbar gehörte es zeitweise zum Totenkult, Verstorbene vor der Stadt aufzubahren, bis diese von den Geiern skelettiert waren. Die sterblichen Überreste wurden dann innerhalb und unterhalb der Ansiedlungen beigesetzt, möglicherweise, um das Eigentumsrecht durch "Ahnen" zu untermauern. Bereits relativ früh beginnt ein ausgeprägter Schädelkult. Noch heute findet man in Indien Reste der Geierbestattung der Parsen, einer Minderheit, die in die Gegend von Bombay verschlagen wurde. In Persien selbst ist dieser Ritus dagegen seinerzeit durch Schah Reza Pahlevi unterbunden worden.

Zum Ende der Besiedlung ist erstmals Töpferarbeit nachweisbar, jedoch spielte diese keine große Rolle. Insgesamt dominieren Holz- und Steingefäße. Auffallend ist die Vielzahl von Tonsiegeln, die möglicherweise mit dem umfangreichen Handel zusammenhängt, der von dieser Siedlung aus betrieben wurde. So ist zum Beispiel der Handel mit Obsidian, Alabaster, Marmor, Kupfer und Muscheln nachgewiesen. Weiterhin gab es kultische Dolche aus Feuerstein und Obsidian. Die gefundenen Stoffreste runden das Bild einer frühen Hochkultur ebenso ab wie die mehrfach gefundenen Spiegel aus Obsidian.

Bereits hier sei angemerkt, dass der *Obsidian*, eine Art "Buntglas" aus Vulkanlava, ein wichtiger (Roh-)Stoff ist, der uns auch später noch beschäftigen wird. Die Funde südlich des Schwarzen Meeres stammen überwiegend vom Hasan Dag, einem Vulkan, der 120 Kilometer von Catal Höyük entfernt liegt. Dort wurde bereits in frühester Zeit der Obsidian, später in großen Mengen, abgebaut. Ein Bild von einem zeitgenössischen Ausbruch des Hasan Dag wurde in Catal Höyük gefunden. Der Obsidian der nordwestlichen Hemisphäre und Westanatoliens stammt überwiegend von der Vulkaninsel Melos, einer Kykladeninsel im Süden Griechenlands, und aus den vulkanischen Westkarpaten in Siebenbürgen.

Die Betrachtung einzelner Ansiedlungen sowie ihrer kultischen und wirtschaftlichen Grundlagen ist erforderlich, um bestimmte Einzelsachverhalte später in einen Gesamtkontext einfügen zu können. Diesem Vorgehen sind jedoch gewisse Grenzen gesetzt. *Insgesamt* gibt es in *Anatolien* eine Vielzahl von Fundstätten aus dem betrachteten Zeitraum. In der Zeit von 8.000 vor Christus bis 5.250 vor Christus haben wir insgesamt 29 Fundstätten identifiziert, die zu irgendeinem Zeitpunkt in diesem Zeitfenster existiert haben. Die statistische Auswertung der Gesamtdaten ergibt ein erstaunliches Bild:

Insgesamt betrachtete Fundstätten in Anatolien (regionale Verschiebung) zwischen 8.000 und 5.000 v. Chr.: 29

v. Chr.	Ost-	Zentral-	West-	Total-
8.000	**6**	2	2	10
7.000	**5**	4 (+1)	0 (+1)	9 (+2)
6.500	1	**3**	1 (+1)	5 (+1)
6.000	0	2 (+3/-1)	**5** (+1)	7 (+4/-1)
5.750	1	3	**4**	8
5.500	0 (+1)	0	0 (+2/-2)	0 (+3/-2)
5.250	1	1	1	3

X = Anzahl der Ansiedlungen zum Zeitpunkt; **X** = höchster Wert
(+X) = gerade beginnende Ansiedlung; (-X) = gerade beendete Ansiedlung

Die erste Spalte gibt den Zeitpunkt an, für den wir die Existenz von Fundstätten festgestellt haben. Die festgestellten Fundstätten verteilen sich auf Ost-, Zentral- und Westanatolien. So zeigt sich, dass der Schwerpunkt ursprünglich in Ostanatolien lag. Dies deckt sich auch mit den Erkenntnissen der Archäologie, die für den Zeitraum bis etwa 7.000 vor Christus den Schwerpunkt der menschlichen Entwicklung in der Region Ostanatolien sucht. Mit der Zeit kippt dieses Verhältnis zu Gunsten von Zentral- und Westanatolien. Grund hierfür ist auch die Zwischeneiszeit, die auf den Zeitraum von ca. 6.200 bis 5.800 vor Christus datiert wurde. Diese Zwischeneiszeit führte dazu, dass Ostanatolien weitgehend austrocknete, die Seen sich in Salzwasserseen verwandelten und die Gegend somit insgesamt unwirtlich wurde. Das Schwarze Meer hingegen blieb ein Süßwasser-Tiefsee mit sicherlich sehr großer Anziehungskraft für Um- und Neusiedler.

Für Zentral- und Westanatolien ergibt sich eine Vorherrschaft bereits etwa ab 6.500 vor Christus. Ob letztlich Zentral- oder Westanatolien überwiegt, kann anhand der vorhandenen Daten nicht sicher festgestellt werden. Fest steht jedoch, dass beide Regionen in der Zeit ab 6.500 vor Christus einen Aufschwung erfuhren. Dies schlägt sich auch in einer insgesamt steigenden Anzahl von Fundstätten bis 5.750 vor Christus nieder.

Erstaunlich an diesem Verlaufsmuster ist aus unserer Sicht, dass *für das Jahr 5.500 vor Christus keine einzige dauerhafte Fundstätte* festgestellt werden konnte. Dies fällt aus dem Rahmen des Üblichen und ist zu keinem Zeitpunkt vorher geschehen. Auch wenn man auf eine jährliche Betrachtung umschwenken würde, gäbe es sowohl vorher wie auch nachher in jedem dieser Jahre wenigstens fünf besiedelte Fundstellen. Damit ist der Einbruch von 5.500 vor Christus wirklich signifikant. Auffällig ist auch, dass gerade um 5.500 vor Christus zwei Siedlungen aufgegeben wurden, während drei Fundstellen neu besiedelt wurden. Vergleicht man dieses Ergebnis mit dem Jahr 5.750 vor Christus, in dem stabil acht Fundstellen existiert haben, deutet diese Gesamtschau auf einen *tief greifenden Einschnitt* im Anschluss an eine stabile und blühende Zeit hin. Grund für diesen Wandel war eine durch die Schwarzmeerflutung ausgelöste Wanderungswelle mit den daraus folgenden Verteilungskämpfen.

Mesopotamien und Ägypten

Der Befund für das Zweistromland lautet, dass hier gar keine besonderen Feststellungen vor der Großen Flut zu treffen sind. Auch wenn Mesopotamien als frühe Hochkultur bekannt ist, bedeutet dies nicht, dass das Leben für Steinzeitmenschen dort einfach gewesen wäre. Voraussetzung für eine Besiedlung des fruchtbaren Schwemmlandes zwischen Euphrat und Tigris war eine Bewässerungswirtschaft. Hierzu wäre es erforderlich gewesen, die Naturgewalten der je nach Stärke der Schneeschmelze unregelmäßig über die Ufer tretenden Flüsse zu bändigen. Dies hätte den Bau von Dämmen, Schleusen und Kanälen erfordert.

Eine solche Bewässerungswirtschaft ist sehr angreifbar. Sie setzt ein Mindestmaß an Organisation und Verteidigung voraus, die es erlauben, die Anlage zu schützen und instand zu halten. Daneben sind natürlich auch noch die technischen Anforderungen zu meistern. Insgesamt überrascht es mithin nicht, dass Mesopotamien im Vergleich zu Anatolien erst spät besiedelt wurde.

Wir dürfen jedoch nicht an der uralten Siedlung von *Qalat Jormo* im Nordirak achtlos vorbeigehen. Während das Schwemmland zwischen den Flüssen nicht nachhaltig besiedelt werden konnte, gab es an den Gebirgshängen durchaus Ansiedlungen. Die Dorfgemeinschaft Qalat Jormo, die ihren Höhepunkt etwa 6.750 vor Christus erreicht haben dürfte, lag auf einer Höhe von 800 Metern an der Grenze des dort befindlichen Laubwaldes, der zu einem großen Teil aus Eichen bestand. Auf rund 20 Anwesen verteilten sich etwa 100 Bewohner. Diese konnten einen einfachen Regenfeldbau betreiben. Angebaut wurden zwei Getreidesorten, nämlich Einkorn und Emmer. Der Speiseplan wurde durch regelmäßige Jagd ergänzt. Wahrscheinlich war die Ziege aber bereits gezähmt. Auffallend ist, dass Schneidwerkzeuge aus Obsidian benutzt wurden. Dieser Obsidian wurde aus einer Entfernung von ca. 400 (!) Kilometern aus der Nähe des Vansees aus Ostanatolien herangebracht.

Bemerkenswert erscheint uns noch die Ansiedlung von *Tell-Halaf* in der Osttürkei. Kennzeichen dieser Ansiedlung waren die Doppelaxt, Stierköpfe und Stierfiguren sowie die Muttergottheit. Ein gewisser kultureller Bezug zum Beispiel zu der Ansiedlung von Catal Höyük drängt sich auf. Gleichzeitig waren die Bewohner dieser Ansiedlung, die ab 5.500 vor Christus neu errichtet wurde und dann bereits über Keramik verfügte, möglicherweise die ersten Siedler im fruchtbaren Schwemmland des Zweistromtals.

In der Folgezeit ergab sich ein Ackerbau in Mesopotamien erst ab 5.000 vor Christus, also mit einer Lücke von 500 Jahren zur Schwarzmeerflut. Das fruchtbare Schwemmland wurde von Norden nach Süden besiedelt. Die Siedler brachten auch etwa ab 5.000 vor Christus Tongefäße mit.

Wie Mesopotamien, so war auch das vorzeitliche Ägypten "kein Para-dies" für Steinzeitmenschen. Lediglich die Trockensavannen östlich und westlich des Nils waren nutzbar. Die gelegentlichen Regenfälle erlaubten zwar das Jagen und Sammeln sowie nomadisierende Rinder- und Ziegenhaltung, wie Felszeichnungen im Wadi Umm Salam bele-gen; an eine Landwirtschaft war aufgrund der geringen Regenmengen jedoch nicht zu denken. Insgesamt bleibt festzuhalten, dass in Ägypten vor 5.500 vor Christus zwar Steinzeitmenschen lebten, diese aber zu der Zeit noch keine Hochkultur hervorbrachten. Insbesondere wurden keine größeren Ansiedlungen oder Bewässerungsanlagen aus dieser Zeit gefunden, was aber auch damit zusammenhängen kann, dass der Nil mit seinen jährlichen Hochwassern und gelegentlichen Flussbett-senkungen und Flussbettverlegungen viele Spuren beseitigt bzw. im Nildelta begraben hat.

Europa

Die sesshaften Kulturen im steinzeitlichen Europa teilen wir in zwei Kulturkreise. Zum einen gehört hierzu das heutige Griechenland, welches wir später noch genauer betrachten werden. Dieses Gebiet wurde seit jeher über die ägäischen Inseln von Anatolien aus dem Osten kulturell beeinflusst, unseres Erachtens früher wohl auch über die Landbrücke am heutigen Bosporus. Nicht zu unterschätzen ist aber die Bedeutung der donauländischen Kulturen, die sich in der Zeit bis 5.500 vor Christus am Unterlauf der Donau ausbreiteten und ab 5.500 vor Christus auch westlich vom Eisernen Tor von der Vinca-Kultur und der Linearbandkeramik abgelöst wurden.

Die ersten Landwirte erschienen etwa 6.400-6.200 vor Christus auf dem Balkan. Ein unterstützendes Element hierfür könnte eine Wande-rungswelle aufgrund der beginnenden Zwischeneiszeit gewesen sein. Aus der Anfangszeit (6.300 vor Christus) wurden noch Befestigungs-anlagen entdeckt. Das Vorliegen von Befestigungsanlagen deutet auf Abwehrversuche im Rahmen einer Wanderungswelle in dieser Zeit hin. Allerdings spielte sicherlich auch die Imitation durch lokale Jäger- und Sammlerkulturen eine Rolle. Wir wollen keine "Out-of-Anatolien" Theorie aufstellen. Aber es ist offensichtlich, dass sich die Landwirt-schaft von dort mit zunehmendem Tempo auch in nördliche Regionen wie das Donaudelta, den Balkan und unseres Erachtens auch in die noch nicht geflutete Schwarzmeerebene ausbreitete. Es gab eben in dieser Zeit noch eine Landbrücke zwischen Asien und Europa.

Warum die Landwirtschaft sich über fast 1.000 Jahre auf den Balkan bzw. das Donaugebiet beschränkte, ist nicht abschließend geklärt. Vieles spricht aber dafür, dass die Zwischeneiszeit eine Klimabarriere errichtete. Nordeuropa wurde erst danach, also ab ca. 5.800-5.500 vor Christus nachhaltig bewaldet und bot auch erst dann ausreichende Grundlagen für eine Landwirtschaft.

Für die Zeit von 6.100 bis 5.500 vor Christus wird diese Kulturgruppe auf dem Balkan (bis nach Moldawien und in die Ukraine reichend) als *Starcevo-Körös-Cris* bezeichnet. Man nimmt an, dass in dieser Zeit die aus Anatolien übernommenen landwirtschaftlichen Techniken an europäische Verhältnisse angepasst wurden und somit die Grundlage für die rasche Ausbreitung der Landwirtschaft in Nordeuropa ab 5.500 vor Christus ausgebildet wurde. Diese Kulturgruppe war stark auf die Fischerei fixiert. Auch wenn die Jagd auf Wildtiere nachgewiesen wurde, so spielte diese doch keine zentrale Rolle mehr. Schwerpunkt war der Anbau von Getreide auf permanenten Feldern. Die Bewohner hielten Schaf- und Ziegenherden. Daneben gab es Rinder und in geringem Umfang Schweine.

Für diese Besiedlungsphase sind Rundhäuser und Rechteckhäuser nachgewiesen. Bei den Rundhäusern handelt es sich möglicherweise nicht um Wohnhäuser, sondern um Speicher. Die Siedler waren bereits in der Lage, Lehmziegel herzustellen. Von Anfang an verfügte die Starcevo-Körös-Cris Kultur über Töpferarbeiten, die anfänglich noch sehr einfach gehalten waren. Kennzeichnend für diese unbemalten Arbeiten war die Verzierung durch Fingereindrücke. Später trat eine Verfeinerung der Töpferwaren ein, die sich in einer Bemalung mit Punkten, Spiralen und in kurvigen Designs niederschlug. In dieser Töpferkunst hatten ur-europäische Zeichen wie Spiralen und Mäander eine gewisse Bedeutung. Die vorherrschenden Farbkombinationen zur Bemalung von Gefäßen und möglicherweise auch Häusern waren weiß, schwarz und rot - Farben, die der Sage nach auch in Atlantis eine große Rolle spielten.

Bemerkenswert erscheint auch eine Ausgrabung in *Liestal* (Schweiz). Hier wurde eine Siedlungsstätte entdeckt, die zunächst auf die Zeit ab 5.500 vor Christus datiert wurde. Heute gibt es Anzeichen dafür, dass diese Ansiedlung schon ab 6.500 vor Christus bewohnt war und dass Getreide und Flachs, ein Rohstoff für die Herstellung von Leinengeweben, angebaut wurden. Aus der Entwicklung der Anlage lässt sich schließen, dass es einen Berührungspunkt zwischen der donauländisch-

41

en Kultur am Oberlauf und den mediterranen Kulturen gab, die über Italien, Spanien und Frankreich auch Deutschland erreichten.

Ähnlich wie die zentral-europäische stammt auch die Kultur des heutigen griechischen Staatsgebietes aus Anatolien. Von dort aus wurden ab ca. 6.500 vor Christus die Viehzucht, der Ackerbau und die Sesshaftigkeit importiert. Grundlage hierfür war nach heute vorherrschender Meinung vieler Archäologen auch eine Wanderungswelle aus Anatolien. Da die Landbrücke unseres Erachtens erst 5.510 vor Christus brach, mussten die Steinzeitmenschen auch nicht mit Booten über die Ägäis übersetzten, wie man bisher vermutete. Sie konnten von Generation zu Generation an der Küste weiterwandern.

Wie in Anatolien spielt der Kult der großen Muttergottheit in Griechenland eine bedeutende Rolle. Kennzeichnend für diese Periode ist die so genannte *Sesklo-Kultur* bis in das 3. Jahrtausend vor Christus hinein. Hierbei handelte es sich um bäuerliche Ansiedlungen und Dörfer mit eingestreuten städtischen Zentren. Die Häuser waren überwiegend quadratisch. Auch hier ist der Handel mit Obsidian auffällig. Obsidian von der Kykladeninsel Melos wurde an bis zu 500 (!) Kilometer entfernten Stätten gefunden.

Nach der Großen Flut

Europa

Bis zur Großen Flut waren die im Balkanraum ansässigen Völker nicht wesentlich weiter nach Norden gezogen, da das Ende der Eiszeit in Nordeuropa etwas später eintrat und so die Nutzbarkeit Nordeuropas für den Ackerbau auch erst etwa ab dieser Zeit gegeben war. Somit waren Nord- und Westeuropa für die heimatlos gewordenen Siedler unentdecktes Land, das es zu erobern galt. Wir sind nicht der Meinung, dass die Verbreitung der Landwirtschaft in Europa durch Imitation erfolgte. Alle Anzeichen deuten auf eine Wanderungsbewegung hin. Dabei ist zu beachten, dass die Wanderung/Vertreibung einzelner Völker regelmäßig auch andere Völker in Bewegung bringt.

Die neuen Bewohner Nordwesteuropas waren Einwanderer aus einer anderen Region, die mit der lokalen Bevölkerung in gemeinsamen Dörfern lebten und teilweise auch deren Techniken zum Beispiel im Bereich der Steinwerkzeuge übernahmen. Die Emigranten verbreiteten sich nach der Flut sehr schnell und veränderten die kulturelle Landschaft in Nordwesteuropa grundlegend. Sie beeinflussten die technologischen Grundlagen, die Wirtschaftsweise, die Bauweise und die Bestattungsriten. Für eine Immigrantenwelle spricht auch, dass aus der Anfangszeit eine Vielzahl von Befestigungsanlagen nachgewiesen ist, wie gesagt ein starkes Indiz für Abwehrversuche.

Kurz erwähnt sei hier die *La Hoguette* Kultur, die von Italien und Frankreich aus einwanderte und bis etwa 5.300 vor Christus existierte. Diese Kultur verbreitete sich vornehmlich in Frankreich, der Schweiz und Südwest-Deutschland. Charakteristische Kennzeichen waren ein einfacher Ackerbau, das Halten von Schafen und Ziegen sowie die Fortführung der vorgefundenen mittelsteinzeitlichen Traditionen. Rinder oder Schweine wurden von dieser Siedlungsgruppe nicht gehalten.

Hingegen stellte die spätestens ab 5.500 vor Christus auftretende *Linearbandkeramik* eine grundsätzliche Verwerfung der bisher herrschenden Siedlungstradition dar. Bis zu ihrer Aufspaltung in Untergruppen ab etwa 5.000 vor Christus war die Linearbandkeramik im Raum von Frankreich (Pariser Becken) bis in die Ukraine und von Südungarn bis an die polnische Ostsee verbreitet, wobei die Ausbreitung vom Schwarzen Meer insbesondere entlang der Flüsse Donau und Dnjestr erfolgte. Kennzeichnend waren ein fortschrittlicher Ackerbau entlang der Lössboden-Regionen sowie der Anbau von Emmer, Einkorn, Erbsen und Flachs. Darüber hinaus bauten die Linearbandkeramiker Hirse an, die ursprünglich nicht aus Anatolien, sondern aus China oder Zentralasien stammte. Die Domestizierung von wildem Mohn als eigene Kreation dieser Siedler rundet das Bild einer von Anatolien abgenabelten Tradition ab. Hinsichtlich der Haustiere wurden Rinder, Ziegen und Schafe sowie in geringerem Umfang Schweine nachgewiesen.

Somit verfügte diese Kultur über wenigstens *drei Elemente, die zuvor aus Asien importiert waren*: die *Keramik* wurde zuerst in Japan entwickelt und möglicherweise später von den Europäern und Vorderasiaten übernommen, wobei die Verwendung von Töpferwaren durch die im Balkan ansässigen Kulturen jedenfalls nicht später begann als in Anatolien - der Ursprung liegt möglicherweise sogar in Osteuropa. Weiterhin wurden *Schweine* gehalten, die ursprünglich in China domestiziert wurden und knapp 500 Jahre später auch in Europa und Anatolien auftauchten. Schließlich tritt als drittes Kennzeichen die Nutzung von in Asien domestizierter *Hirse* hinzu. Wenn man bedenkt, dass die heute ausgetrocknete und menschenfeindliche Seidenstraße damals aufgrund des Abschmelzens der Gletscher vorübergehend eine

Vielzahl von Süßwasserseen zum Beispiel im Tarim-Becken verband, ist es durchaus möglich, dass eine durchgehende wirtschaftliche Beziehung nach Asien existierte.

Bindeglied hierfür war nach unserer Meinung das im Schwarzmeer versunkene kupfersteinzeitliche Landwirtschafts-, Kultur- und Handelszentrum Atlantis, so wie wahrscheinlich auch für die *Wasserpfahlbauten*, die in Indien 6.500, in Europa 4.500 vor Christus erstmals nachgewiesen sind. Wahrscheinlich gab es zwar keinen beständigen Fernhandel zwischen Atlantis und Vorderindien; die Anziehungskraft beider Entwicklungszentren dürfte aber das Durchsickern von Informationen über Technologie unterstützt haben.

Die Töpferei in Westeuropa, die unter Nutzung schon standardisierter Öfen erfolgte, unterscheidet sich von derjenigen in Anatolien grundlegend. Kennzeichnend für diese Art der Keramik, die der Kultur auch ihren Namen gab, sind Linearbänder, die an mäandernde Flüsse erinnern. Auch die Bemalung unterschied sich grundlegend von derjenigen in Anatolien; und auch in der Bauweise trat eine völlig neue Form zutage. Kennzeichnend waren so genannte Langhäuser, die bis zu 40 Meter maßen und damit die mit Abstand größten Gebäude ihrer Zeit waren. Sie basierten auf einer Pfostenbauweise, die in der Schwarzmeerregion schon früh große Bedeutung hatte. Die Nischen zwischen den Pfählen wurden mit Flechtwerk und Lehm geschlossen. Für die Anfangszeit der Linearbandkeramik sind umfangreiche Grabbeigaben festgestellt worden. Diese Tradition lässt im Laufe der Zeit nach.

Den Linearbandkeramikern noch um einiges voraus war die so genannte *Vinca*-Kultur, die ebenfalls ab 5.500 bis ca. 4.500 vor Christus auf dem Balkan in Südosteuropa in der Gegend des heutigen Belgrad bis nach Siebenbürgen existierte. Hier an der Donau fand sich neben einer dichten Besiedlung ein planvoller Aufbau von Dörfern, die teilweise terrassiert angelegt wurden. Die rechteckigen Häuser wurden innen und außen mit Symbolen in *rot, blau und weiß* bemalt. Darüber hinaus scheint der Stierkult eine große Rolle gespielt zu haben. Die Vinca verfügten bereits über eine einfache Schrift, gut 2.000 Jahre bevor die ersten Schriftzeichen in Ägypten oder in Babylon nachgewiesen sind (siehe dazu unten mehr). Ansonsten erscheinen die Vinca mit den Linearbandkeramikern durchaus kulturell verwandt. Die Vinca-Fundstellen basieren *nicht* auf älteren Siedlungsresten. Sie treten 5.500 vor Christus erstmals mit ihrer Technologie auf dem Balkan auf.

In der Jungsteinzeit ab 5.500 vor Christus verbreiteten sich die großen Schalen der Spondylus-Muschel (Klappmuschel), die zu Armringen und Anhängern verarbeitet wurden, über ganz Europa. Muscheln und Schneckenschalen wurden in derselben Art wie Steine durch Schlagen und Schleifen zu Gebrauchsgeräten wie Löffeln, Messern, und Blasinstrumenten oder zu Schmuckstücken, die zugleich als Tauschmittel dienten, verarbeitet.

Der *größte und älteste vorgeschichtliche Goldhort* findet sich an der Küste des Schwarzen Meeres im bulgarischen Varna: Es handelt sich um die Ausgrabung eines alten Friedhof-Areals, auf dem eine für die Zeit außergewöhnlich große Menge an Gold und Schmuckgegenständen gefunden wurde, insgesamt mehrere Kilogramm. Die Grablegungen werden auf die Zeit zwischen 4.600 und 4.200 vor Christus datiert. Verräterisch ist hierbei, dass ausgerechnet das *Pferd* als Motiv unter den Tieren des Goldschatzes *fehlt*; vielmehr: Es rührt uns heute noch an, dass die damaligen Bestatter einem Herrscher ausgerechnet ein *Stein*zepter mit einem Pferdemotiv beilegten, weil sie es als Mangel empfunden hätten, das inzwischen so begehrte "Statussymbol" nicht mit ins Jenseits mitzugeben.

Es in Gold darzustellen, diese Technik beherrschten sie wohl nicht mehr oder noch nicht wieder. Das Pferd war in Atlantis als Nutztier nicht bekannt, zur Zeit der Grablegungen 1.000-1.500 Jahre später aber schon. Da Stätten der Goldbearbeitung in dieser Region nicht gefunden wurden, dürfte es sich um Reste von Atlantis-Gold handeln! Denn dort waren Kupfer-, Silber- und Goldverarbeitung bekannt; die Schmelzöfen und Schmiedestätten liegen jedoch im heutigen Meer versunken. Die Rohstoffquelle war in Siebenbürgen – von dort bezogen die Atlanter ihre Rohstoffe.

Die Region des heutigen Varna war spätestens seit der Bronzezeit Siedlungsgebiet der *Thraker*, die sich zeitweise über den ganzen östlichen Balkan bis nach Byzanz ausbreiteten. Auch der Name der Insel Samothrake ist auf die Thraker zurückzuführen. Die Donau-Tiefebene im heutigen Rumänien wie auch die Karpaten nördlich davon waren seit jeher Siedlungsgebiet der *Geten*, die später zu den Thrakern gezählt wurden. Der Name findet sich heute noch in der Stadt Gaesti nordwestlich von Bukarest.

Prägend in der weiteren Entwicklung sind die ab etwa 5.000 vor Christus entstehenden *Kreisanlagen*. In der Regel handelt es sich hierbei um Gräben, die durch Palisadenzäune ergänzt werden. Die

Eingänge sind systematisch nach Himmelsrichtungen oder günstig für Himmelsbeobachtungen angeordnet. Die Kreisanlagen befinden sich in der Nähe bzw. in der Mitte größerer Siedlungszentren. Welchem Zweck diese Anlagen dienten, ist bis heute nicht gesichert. So kann es sich um Kult- bzw. Opferstätten gehandelt haben. Auch eine Nutzung zu Versammlungs- oder Verteidigungszwecken kann vermutet werden. Möglicherweise dienten sie auch als Vieh-Kraal (ZIEGERT 2004) oder als kultische Gehege für heilige Stiere oder Kühe. Auf dieser Grundlage könnte auch der Mythos vom Minotauros im Labyrinth entstanden sein - auch im inneren Zirkel von Atlantis wurden heilige Stiere gehalten.

Bei der Anlage in Goseck (Sachsen-Anhalt) ist gesicherte Erkenntnis, dass diese als Sonnenobservatorium bzw. Kalender genutzt wurde. Dies ergibt sich aus der Anordnung der Eingänge, die nach Norden, Südosten und Südwesten ausgerichtet sind. Die Eingänge im Südosten und Südwesten bezeichnen den Sonnenauf- bzw. -untergang zur Wintersonnenwende etwa 5.000 vor Christus. Für die Anlage in Kyhna (Sachsen) wird eine Ausrichtung auf die Sommersonnenwende vermutet. Die folgende Tabelle gibt eine kurze Übersicht über einige frühe bekannte Kreisanlagen. Insgesamt wurden bis heute ca. 200 Anlagen entdeckt, deren gedanklichen Ursprung wir in der Fortführung der Tradition von Atlantis vermuten.

Ippesheim bei Würzburg (Franken) ca. 4.800 v. Chr.	Drei Gräben, 4 m Breite, 3 m Tiefe, darin Palisaden, vier Eingänge, Ausrichtung N, S, O, W Durchmesser: 64 m
Kyhna bei Leipzig (Sachsen) ca. 5.000 v. Chr.	Zwei Doppelringe, vier Tore, Ausrichtung NO, NW, SO, SW (Sommersonnenwende), Durchmesser: 120 m
Kamegg, Österreich ca. 4.800 v. Chr.	Zwei Gräben, 4-8 m Breite, 3-4 m Tiefe, darin Palisaden, vier Eingänge, Ausrichtung (ca.) N, S, O, W, Durchmesser der Ringe: 76 m, 140 m (nicht vollendet)
Goseck (Sachsen-Anhalt) ca. 5.000 v. Chr.	Ein Graben, zwei Palisaden innen, drei Eingänge, Ausrichtung N, SO, SW (Wintersonnenwende), Durchmesser: 75 m

Beispielhafte Kreisanlagen in Mittel-Europa

Zwischen den Strukturen der Kreisanlagen und dem für die Insel Atlantis beschriebenen konzentrischen Aufbau besteht eine Übereinstimmung. Möglicherweise handelt es sich hierbei um die Folge einer wach gehaltenen Erinnerung oder den Versuch einer Rekonstruktion. Man könnte durchaus in Erwägung ziehen, unter Hinzuziehung der Atlantissage den Zweck dieser Kreisanlagen abzuleiten. Demnach wäre das Innerste gleichzeitig ein Heiligtum und ein Regierungssitz, die umgebenden Ringe wären den Aristokraten sowie dem wirtschaftlichen und kulturellen Leben vorbehalten, und um die Kreisanlage herum würde das einfache Volk wohnen und arbeiten. Nach verschiedenen Überlieferungen wird Atlas, der erste König von Atlantis, als Entdecker des Himmelsgewölbes gefeiert - kein Wunder, dass nach dem Untergang von Atlantis allerorten Sonnenobservatorien entstehen.

Diese Kreisanlagen würden sich mit Atlantis und den noch sehr viel älteren Anlagen zum Beispiel in Göbekli Tepe in eine Tradition von Kreisanlagen einreihen. Hierzu gehört auch die Himmelssäule des Atlas - das „Dach der Welt". Natürlich könnten schon die Achsen des "Labyrinths" Atlantis Sonnenkalender-Funktion gehabt haben; die Sonne war ohnehin eine wichtige Gottheit, auch wenn nur das Poseidon-Heiligtum in der Sage namentlich überliefert ist.

Nicht weit von Goseck, das an der Thüringer Saale liegt, wurde jüngst die inzwischen berühmte *Himmelsscheibe von Nebra* an der Unstrut in Sachsen-Anhalt gefunden. Diese datiert zwar eindeutig aus der Bronzezeit (vor 1.600 vor Christus), jedoch ist sie ein Indiz dafür, dass in der Region Sonnen- und Sternenbeobachtungen eine lange Tradition haben; die Himmelsscheibe steht mit einer Kreisanlage in direktem räumlichen Zusammenhang. Auf der Himmelsscheibe sind die Sterne auffallend gleich verteilt - mit Ausnahme einer Anhäufung, die von den Fachwissenschaftlern als das Sternbild der Plejaden (Siebengestirn) interpretiert wird. Atlas, der eine Doppelfunktion als griechischer Gott und als erster König von Atlantis innehatte, gilt als *Vater von sieben Töchtern, die nach ihrer Mutter Pleio Plejaden, nach ihrem Vater auch Atlantiden genannt werden.*

Die Plejaden waren in den frühen landwirtschaftlichen Kulturen im Süden (!) wichtig, weil sie durch ihren Frühaufgang gegen Mitte Mai die Nähe der Ernte, durch ihren Frühuntergang Ende Oktober die Zeit zum Pflügen und zur neuen Aussaat anzeigten. Insofern liegt es nahe, dass die Bedeutung der Plejaden aus südlicheren Regionen nach Deutschland importiert wurde, denn hier verläuft der Agrarzyklus deutlich später. Inzwischen ist man sich einig, dass die Himmelsscheibe von Nebra aus Alpen-Kupfer hergestellt wurde und dass sie eine Art Lehrbuch der Religionen von Ägypten über Mesopotamien bis

Griechenland ist. Die frühen Siedler müssen also weitläufige Handels-beziehungen und Kontakte zu fernen Regionen gepflegt haben.

Nebra war bereits 1962 in das Visier der Archäologen geraten. Auf dem 34 Meter über der Unstrut gelegenen Felsplateau "Altenburg" wurde eine späteiszeitliche Siedlungsstelle der Magdalénien-Kultur entdeckt. In zylindrischen Verwahrgruben lagen zwei stabförmige Frauenstatuetten aus Elfenbein und Rengeweih. Eine weitere Statuette lag in einer in den Boden eingetieften Steinkiste. Darf man annehmen, dass Nebra als uralte Siedlungsstätte an der Unstrut schon früh in (Handels-) Beziehungen über Siebenbürgen bis zur Donaumündung stand und dass einige Atlantisflüchtlinge mit ihren Kenntnissen bis Goseck und Nebra kamen, vielleicht sogar Begründer und Hüter (Priester) einer neuen Kultstätte der Atlantiden wurden?

Die Linearbandkeramik fand ihr Ende um 5.000 vor Christus. Zu diesem Zeitpunkt teilte sie sich in eine Vielzahl von Folgekulturen auf. Diese Folgekulturen existierten mit einem hohen wirtschaftlichen Standard bis ca. 3.500 vor Christus. Dann erfolgte ein rascher Verfall. Grund hierfür waren die so genannten *Kurgan-Wanderungen*. Dabei rückten Völker aus dem nördlichen und nordöstlichen Schwarz-meerraum nach Europa ein. Dieser Zug begann um 4.000 vor Christus und endete etwa 2.500 vor Christus. Der Name Kurgan bezeichnet die für die Eroberer kennzeichnenden Bestattungshügel. Obwohl die Eroberer über einen technisch und wirtschaftlich geringeren Standard verfügten, waren sie in der Lage, die existierenden Siedlungen zu überrennen, da sie mit ihren Reitpferden im Kampf überlegen waren. Gegen Ende der Wanderungen dominierte diese Volksgruppe vom Rhein bis zum Ural - sie brachte dorthin auch ihre Himmelsgötter mit, nach Griechenland später zum Beispiel den Lichtgott Zeus. Ähnlich-keiten im Götterhimmel von Skandinavien bis Südeuropa sind kein Zufall!

Es scheint, als hätten die Atlantis-Flüchtlinge ihre Kultur und zum Teil ihre Technik auch in der Fremde noch eine Zeitlang aufrecht erhalten können, um dann aber teilweise doch auf niedrigere Entwick-lungsstufen abzusinken bzw. von nachrückenden Völkern hinab-gedrückt zu werden - allerdings mit sehr unterschiedlichen Folgen je nach Zufluchtsgebiet. Wir möchten betonen, dass der Untergang von Atlantis in der Umgebung zunächst zu einem Aufschwung (der neolithischen Revolution), nicht zu einem Niedergang geführt hat. Erst später kam es in Europa durch weiteren Wanderungsdruck zu einem

Niedergang, zeitgleich entstanden in Ägypten und Babylon die ersten überlieferten Hochkulturen.

Die *griechische Vorgeschichte* verdient besondere Betrachtung, um darauf aufbauend die mythologische Welt im Zusammenhang mit den Flutsagen zu verstehen. Dieses Verständnis bildet wiederum einen Ausgangspunkt bei der Identifikation von Atlantis, da die Sage mit dem griechischen Weltbild verquickt ist.

Zunächst liegt in Griechenland eine so genannte "vorderasiatische Prägung" vor. Bereits oben wurde beschrieben, dass die neolithische Kultur in Griechenland aus dem Osten stammt. Ein erstes prägendes Ereignis waren dann die Dimini-Wanderungen, bei denen Einwanderer von Norden aus dem Donaugebiet nach Griechenland kamen. Da sie zahlenmäßig unterlegen waren, passten sie sich der dort herrschenden Kultur an. Hierbei handelte es sich um eine europäische Gegenströmung.

Mit dem Beginn der Bronzezeit ab dem 3. Jahrtausend vor Christus blühte Anatolien auf. Anatolien verfügte über viele Rohstoffe, die in der Bronzezeit genutzt wurden. Folgerichtig setzte die vorderasiatische Kulturdrift wieder ein, so dass die griechische Kultur bis etwa 1.950 vor Christus wieder anatolisch geprägt wurde. Die Siedler, die später von den osteuropäischen Eroberern überrannt wurden, hießen Pelasger oder auch *Tyrrhener*. Diese waren es auch, die ursprünglich Italien besiedelten (Tyrrhenisches Meer). Tyrrhenien ist der Sage zufolge von Atlantis erobert und besetzt worden; *demnach gehörte das heutige Griechenland zum Einflussgebiet von Atlantis*, die in der Atlantissage ebenfalls genannten Griechen waren zu der Zeit andernorts zu suchen!

Um 1.950 vor Christus kommt es zu einer Zäsur der griechischen Kultur. Während bisher nur kulturell nahe stehende Gruppen aus Anatolien oder dem nahen donauländischen Raum einwanderten, wurde Griechenland zu dieser Zeit von *osteuropäischen* Eroberern vom Balkan kommend überrannt und zerstört! Diese Eroberer hatten einen geringeren Entwicklungsstand als die Ureinwohner, die sie besiegten. Insofern lässt sich zunächst ein weiterer kultureller und wirtschaftlicher Verfall feststellen. Diese Eroberer sprachen bereits ein frühes Griechisch und *setzten sich mit dieser Sprache wie auch mit ihrer Kultur durch*. Für die weitere Betrachtung ist es entscheidend zu verstehen, dass die griechische Kultur auch einer nachhaltigen *osteuropäischen Prägung* unterliegt!

In der Folgezeit kam es zu einem Wiederaufbau, wobei alte Namen erhalten blieben, die Siedlungen aber zu einem großen Teil weiter in das Landesinnere verlegt wurden. Ab 1.600 vor Christus kamen weitere Einwanderungswellen (Nachzügler) aus Europa. Dieser Druck aus Norden führte tendenziell zu einer Verschiebung der Bevölkerung nach Süden. Dies - sowie die Schwächung der minoischen Kultur auf Kreta durch Naturkatastrophen - führte dann zum Untergang der eigenständigen minoischen Kultur um 1.400 vor Christus. *Athen* wurde 1.556 vor Christus gegründet. Die zuständige Schutzgöttin Athene ist minoischen Ursprungs - sie war vorher die kretische Palastgöttin und wurde von dort aus Schutzgöttin der mykenischen Herren. Homer zufolge ist sie einerseits eine Göttin der Schlacht, andererseits aber auch die Werkkundige.

v. Chr.	Einflüsse auf die griechische Kultur
6.500	Sesklo Kultur, Vorder*asiatische* Kulturdrift
2.700	Dimini-Wanderungen; Scharen aus dem Donaugebiet (späte Linearbandkeramiker) wandern ein und passen sich an: *europäische* Gegenströmung
2.500	Einführung Metallurgie, Wiederaufleben der vorder*asiatisch*en Kulturdrift, Einwanderungen aus Anatolien; Volk der Pelasger bzw. *Tyrrhener*
1.950	Einbruch von Fremdvölkern aus *Osteuropa* mit einer dominanten Anzahl an Personen, die protogriechisch sprechen und sich damit durchsetzen (eine Art zweite Kurgan-Wanderung). Weitgehende Zerstörung der Infrastruktur und Wiederaufbau teilweise im Landesinneren. Zunächst wirtschaftlicher und kultureller Verfall, Entstehen der mykenischen Kultur
1.600	Weitere Einwanderungswelle/Nachzügler, Gesamtverschiebung nach Süden
1.556	Gründung Athens
1.400	Untergang der minoischen Hochkultur, Assimilation durch Mykener
1.240	Auftreten der "Seevölker", 1.190 Zerstörung des Hethiterreiches, das Ramses II 1.285 nicht hatte besiegen können, 1.177 von Ramses III geschlagen
1.184	Kampf um Troja, die vorherrschende Handelsmacht am Hellespont (Meerenge der Dardanellen)
1.000	Dorische Wanderung aus Europa (Donaugebiet)
ab 800	Entstehung des klassischen Hellenismus, Polis, ausgeprägter Adel, Expansion im Mittelmeerraum und am Schwarzmeer-Rand
600-400	Schriftliche Atlantisüberlieferung aus Ägypten wird in Griechenland bekannt und niedergeschrieben (SOLON, PLATO)

Um 1.240 vor Christus wurde Griechenland von den Seevölkern heimgesucht. Diese eroberten auch Zypern, Syrien und Palästina, machten 1.190 vor Christus dem Hethiterreich ein Ende und griffen

sogar Ägypten an, wo sie 1.177 vor Christus von Ramses III zu Wasser und zu Lande besiegt wurden. Die Scherden kamen aus Sardinien, die Schekelesch aus Sizilien, die Turscha waren Etrusker (Tyrsener), die Danuna waren Danaer, die Akaiwascha waren Achaier, die Lukki waren Lykier und die Peleset Philister (spätere Phönizier, Karthager, Punier). Die Seevölker wurden von einigen Interpreten für Atlantis-Flüchtlinge gehalten - eine Meinung, die wir ganz und gar nicht teilen, zumal ihre Herkunft nach heutigem Kenntnisstand räumlich exakt eingegrenzt werden kann. Eher könnte man von gut organisierten, schlagkräftigen Seeräuberbanden sprechen oder sie mit der sehr viel späteren Wikingerplage vergleichen.

Um 1.184 vor Christus erfolgte der Sturm auf Troja, womit die Griechen erstmals eine Vormachtstellung im Osten (Anatolien) gewannen. Um Tausend vor Christus setzten dann noch einmal Wanderungsbewegungen ein, die als Dorische Wanderungen in die Geschichte eingingen. Insgesamt sind diese Ereignisse sicherlich bedeutend und einflussreich, wirklich prägend für die hellenische Kultur war aber die Eroberung durch Osteuropäer.

Ab 800 vor Christus blühte die hellenische Kultur, so wie sie uns heute bekannt ist, auf. Sie ist durch einen ausgeprägten Adel, die Polis als „demokratische Stadt" und ihre Expansion durch Kolonisation sowohl im Mittelmeer- als auch im Schwarzmeergebiet geprägt. Etwa 600 vor Christus wurde auch die Atlantissage von SOLON zum ersten Mal wahrgenommen, die er in die griechische Sprache übersetzte. In der heutigen Form schriftlich niedergelegt wurde sie von PLATO.

Hier soll noch kurz auf die *militärische Verfassung* Griechenlands zur Zeit PLATOs eingegangen werden. Es ist nämlich offensichtlich, dass die umfassende Darstellung der militärischen Struktur von Atlantis aus zwei Komponenten besteht, die von PLATO nachträglich eingefügt wurden. Wir sind zwar nicht der Meinung, dass PLATO die ganze „Atlantis-Geschichte" frei erfunden hat, meinen aber, dass er sie nach seinen Wünschen ausgestaltet hat, um seine Mitbürger als Philosoph und Vordenker zu belehren.

Zum einen handelt es sich um Elemente aus der tatsächlichen Bewaffnung Griechenlands zur Zeit PLATOs. Auffälliges Beispiel ist die Nennung des Dreiruderers. Dies ist die griechische Triere, die zur Zeit der Perserkriege ab 500 vor Christus das bevorzugte Kriegsschiff der Griechen war. Das Schiff besaß drei Decks, von denen aus gerudert wurde. Auf Marschfahrten wurden auch Segel gesetzt. Ein weiteres

Beispiel ist die Nennung von Streitwagen. Diese traten ursprünglich aus Ostanatolien kommend Mitte des 2. Jahrtausends vor Christus ihren Siegeszug im Mittelmeerraum an und spielten auch im Kampf gegen Troja 1.184 vor Christus eine große Rolle. Während das Reiten in der Region noch nicht entwickelt war, galt der Streitwagen im Trojanischen Krieg als Statussymbol und modernstes Kampfmittel. Diejenigen Autoren, die Atlantis mit Troja gleichsetzen, haben sich gerade von dieser Ausschmückung PLATOs irreführen lassen.

Darüber hinaus ist PLATO eifriger Verfechter des "Idealen Staates". Die Kaste der Krieger ist ein wichtiges Versatzstück in seiner "Politeia". Die ausführliche Schilderung der Kriegerkaste liegt in den Wunschvorstellungen PLATOs begründet und hat mit der tatsächlich überlieferten Ausrüstung und Struktur in Atlantis nichts zu tun. Mit den dort verwendeten Einbäumen und steinzeitlichen Waffen hätte man im Griechenland PLATOs sicherlich keinen Eindruck machen können. Die Verquickung der überlieferten Atlantissage mit den Vorstellungen PLATOs ist einerseits eine frühe Art der "Erziehungs-literatur" und der philosophischen Indoktrination. Andererseits handelt es sich hierbei um die einzige wesentliche Abweichung zu der Erzäh-lung, wie sie wahrscheinlich seit 5.509 vor Christus überliefert, in Ägypten relativ früh schriftlich niedergelegt und von SOLON übernom-men wurde.

Anatolien

Vor der Flut war Anatolien (im Wechselspiel mit Atlantis und den Donauzivilisationen) der Quell des gesellschaftlichen Fortschritts. Technologische Grundlagen, Rohstoffe, Kultur und Menschen gingen von hier aus in alle Himmelsrichtungen. Erstaunlicherweise kommt es in der Zeit zwischen 5.500-3.000 vor Christus in Anatolien zu einer langen Stagnationszeit, in der jedenfalls generell keine weitere Ent-wicklung zu verzeichnen ist.

Beachtung verdient allerdings die Besiedlung von *Hacilar* in Westana-tolien. An dieser Stelle wurde zu Beginn des 5. Jahrtausends vor Christus die vorhergehende Besiedlung eingeebnet und eine neue Stadt mit beeindruckenden vier Meter starken Befestigungsmauern errichtet. Innerhalb dieser Befestigungsmauern fanden sich rechtwinklige Räume sowie das notwendige Inventar sowohl zu Wohnzwecken als auch zur Entfaltung wirtschaftlicher Aktivitäten.

In der Zeit ab 3.000 vor Christus dominierte das Volk der *Hatti*. Parallel entwickelte sich die erste Besiedlungsstufe in *Troja*. Troja war auch der Abwehrposten, der Anatolien vor dem Einfall von Völkern aus dem Balkan über den Bosporus und die Dardanellen schützte. Gleichzeitig kontrollierte es den Handel - insbesondere des mit Beginn der Bronzezeit so wichtigen Zinns - zwischen Schwarzmeerraum und Ägäis am Hellespont. Dies hielt die nördlich des Schwarzen Meeres siedelnden Indoeuropäer indes nicht davon ab, von der anderen Seite her - über den Kaukasus - nach Anatolien einzufallen und dort die Hethiterherrschaft (von 1.600-1.190 vor Christus) aufzubauen. So fiel denn auch das ursprüngliche Troja schon 1.800 vor Christus den indoeuropäischen Eroberern zum Opfer. Parallel zur Reichsgeschichte der Hethiter entwickelte sich eine neue Besiedlung in Troja.

Das neue Troja wurde wie oben dargestellt um 1.184 vor Christus von den Griechen zerstört. Wirtschaftlich und kulturell fiel Anatolien in dieser Zeit zurück. Während die einwandernden Griechen in der Folgezeit vor allem die Küste Anatoliens sowie ab 800 vor Christus auch des Schwarzen Meeres besiedelten, entstand im Inneren Anatoliens eine Vielzahl neuer Staaten (Urartu, Phrygien, Lydien, Lykien, ...). In diese Zeit und Region fallen auch die Herrschaften der Könige Midas und Krösos, die jeweils im Zusammenhang mit ihrem Goldreichtum sagenhaft berühmt wurden.

In der Zeit von 545-333 vor Christus kam Anatolien unter persische Kontrolle. Danach gewannen die Griechen und Makedonier mit Alexander dem Großen die Kontrolle zurück.

Mesopotamien

Die Einwanderer Mesopotamiens mussten große und ausgefeilte Bewässerungsanlagen bauen, um den Schmelzwasserfluten von Euphrat und Tigris, die zudem noch relativ unregelmäßig auftraten, das nötige Wasser zur Bewirtschaftung der Felder in der rechten Zeit und Menge abzuringen. Ein weiteres Problem war das knappe Vorkommen von Holz, das den Atlantern aus den Karpaten so reichlich zur Verfügung gestanden hatte, so dass die gesamte mesopotamische Bauweise von vor Ort gebrannten Lehmziegeln statt von Holz- oder Steinhäusern geprägt ist.

Im Falle des Zweistromlandes klafft zwischen der Flutkatastrophe von 5.510 vor Christus und der ersten Besiedlung nach heutigen Erkenntnissen eine *Lücke von etwa 500 Jahren,* die biblisch durch den Turmbau zu Babel belegt ist. Um 5.000 vor Christus begann von Norden her zaghaft die Erschließung des Schwemmlandes zwischen Euphrat und Tigris. Der Beginn städtischer Kulturen darf für 4.500 vor Christus angenommen werden. Um 4.300 vor Christus wurde Uruk gegründet. Von 3.600-3.200 vor Christus ist als erste Hochkultur die Obed-Kultur zu verzeichnen, die ab 3.300 vor Christus durch weitere Einwanderung aus dem Norden über einen Zeitraum von 100 Jahren von den Sumerern abgelöst wurde.

Ein ungelöstes *Rätsel* in der Entwicklung Mesopotamiens ist die *Herkunft der Sumerer und ihrer Schrift.* Man geht davon aus, dass diese zum Kaukasusgebiet und zur früheren Induskultur eine enge Beziehung hatten. Um 2.700 vor Christus herrschte der legendäre König Gilgamesch, der die Hauptrolle im gleichnamigen Epos spielt.

Die Entwicklung städtischer Kulturen setzte in Mesopotamien nach der herrschenden Lehre deutlich früher ein als in Ägypten, obwohl die neolithische Entwicklung in Mesopotamien 500 Jahre später begann. Die weitere Entwicklung der von den Sumerern begründeten babylonischen Hochkultur ab 3.200 vor Christus ist zwar hoch interessant, für die weitere Betrachtung des hier verfolgten Themas jedoch weitgehend bedeutungslos. In der babylonischen Zeit kam es jedenfalls anhaltend zu Handel und kulturellem Austausch zwischen Ägypten und Babylon bzw. den darauf folgenden Kulturen. Nicht geklärt ist hingegen, wie intensiv die Beziehungen zwischen Mesopotamien und Ägypten in der Zeit vor 3.000 vor Christus waren. Die Fachwissenschaftler streiten sich hauptsächlich darum, ob die Schrift zu dieser Zeit eher von den Sumerern oder den Ägyptern "erfunden" wurde und wer wen beeinflusst hat. Auf diesen überflüssigen Disput kommen wir später zurück.

Ägypten und Palästina

Ägypten ist bekannt für seine Hochkultur, die sich – nach dem vorherrschenden archäologischen Befund - ab etwa 3.100 vor Christus über zahlreiche gut datierte Dynastien von Pharaonen hinweg entwickelte. Bekannter Höhepunkt dieser Entwicklung sind die gigantischen Pyramiden von Gizeh, die in ihrer heutigen Form in der Zeit um 2.500 vor Christus entstanden. Auffällig ist, dass sich diese frühe Hochkultur angeblich etwa 1.000 Jahre später bildete als in Mesopotamien, wo bereits um 4.500 erste städtische Kulturen existieren. Als Grund hierfür wird in der Regel angegeben, dass die Ägypter sich die Erkenntnisse der Babylonier zu eigen machten.

Die Existenz der in der Atlantissage genannten Stadt *Sais* ist wenigstens bis in die Anfänge der schriftlich überlieferten dynastischen Zeit ca. 3.000 vor Christus nachgewiesen. Sie war die Hauptstadt des fünften Gaues (am Rosette-Nilarm gelegen). Der altägyptische Name lautete Sa. Dieser findet sich noch in der heute gebräuchlichen Bezeichnung der Stadt als Sa el-Hagar wieder. Die Schutzgöttin des fünften Gaues - *Neith* - wird in der Atlantissage als identisch mit der griechischen Athene angesehen: Beide waren Göttinnen des Handwerks und des Krieges. Die Abstammung beider Göttinnen aus Kleinasien ist wohl anzunehmen. Nach einer Überlieferung des PLUTARCH - basierend auf ägyptischen Aufzeichnungen - war der Priester SONCHIS aus Sais Lehrer des *SOLON*. Insgesamt ist damit die behauptete Herkunft der Atlantissage aus Ägypten belegt; es handelt sich um eine schriftliche ägyptische Überlieferung, nicht um eine reine Fiktion PLATOS.

Der Name Ägypten stammt von dem griechischen Aigyptos in Anlehnung an den früheren einheimischen Namen "Quemt", der ebenfalls Schwarzland bedeutet. Der Begriff Schwarzland bezieht sich auf den schwarzen Nilschlamm. Bei den semitischen Völkern hieß Ägypten seit jeher Misr, Masr oder Musr. Misr ist der heute gebräuchliche Name in Ägypten, spätestens seitdem die Araber durch die Ausbreitung des Islam die Vorherrschaft in Ägypten gewannen. Der Name Misr reicht jedoch bis in die Anfänge der Geschichtsschreibung zurück; bereits im Alten Testament steht Mizrajim, ein Sohn Hams und Enkel Noahs, stellvertretend für die Ägypter. In dem von uns betrachteten Zeitrahmen gab es die oben dargestellten Bezeichnungen für Ägypten jedoch noch nicht; was auch immer SOLON als Ägypten übersetzt hat, in der Atlantissage kann nur ein Vorläufervolk der Ägypter gemeint gewesen sein. So gibt es verschiedene Quellen, nach denen die Ägypter ihre Herkunft von anderswo ableiten. In der Atlantissage selbst bezieht sich der Priester auf seine ägyptischen Vorfahren in Kleinasien!

Auch die Libyer waren, zusammen mit den Ägyptern, in vorgeschichtlicher Zeit nach Afrika eingewandert. Diese hellhäutigen, blonden und blauäugigen Stämme siedelten ab 2.300 vor Christus in der Nähe der Ägypter in Oasen und entlang des Nildeltas nach Westen an der Mittelmeerküste. Für die Stadt Sais wird vermutet, dass diese auch unter libyschem Einfluss stand. Erst später wurde der Begriff Libyen von den Griechen und Römern auf alle Berberstämme in Nordafrika ausgeweitet. Wenn also der ägyptische Priester SONCHIS beschreibt, dass Atlantis so groß gewesen sei wie Libyen und Asien zusammen, so ist das wohl richtig; legt man das damals bekannte Kleinasien und das damalige Libyen zugrunde, passen die Relationen zum Herrschaftsgebiet von Atlantis im Nordschwarzmeerraum.

Mizrajim ist ein jüngerer Bruder des Kusch. Nach diesem werden die Ägypter gelegentlich auch Kuschiten genannt, weil ein Volk in Oberägypten "Kasch" genannt wurde. Andererseits wurde Kusch auch mit dem Raum Babylon in Verbindung gebracht (Stamm der Kassäer). Beides ist wohl falsch; die Kuschiten sind ein weit verbreitetes asiatisch-afrikanisches Urvolk, das überall und nirgends zu finden ist. Kusch bezeichnet keinen bestimmten Stamm, sondern ist Sammelbegriff für ein semitisch-hamitisches Mischvolk, das sich vor allem - aber nicht nur - in Ägypten findet und sowohl vom "Menschentypus" her als auch sprachkundlich heute noch nachweisbar ist, obwohl es wahrscheinlich bereits durch Wanderungsbewegungen nach der Flut um 5.500 vor Christus entstanden ist. Dies ist auch einer der Gründe, weshalb wir hier Palästina und Ägypten zusammengefasst betrachten. Wer weiß – vielleicht spiegelt die biblische Geschichte von Joseph und Moses vorgeschichtliche gemeinsame Erinnerungen wider.

Es ist heute gesicherte Erkenntnis, dass die *neolithische Entwicklung in Ägypten um 5.500 vor Christus begann.* Zu diesem Zeitpunkt wanderten Menschen aus Palästina, Syrien und Anatolien (biblische Hamiten und Semiten) nach Ägypten ein. Diese errichteten gut organisierte, ständige Ansiedlungen, die auf Landwirtschaft ausgerichtet waren. Die Bewässerung erfolgte zunächst mittels einfachster Anlagen in Form von Dämmen, um das Zurückweichen der regelmäßigen und planbaren Nilfluten zu verlangsamen, so dass sich der fruchtbare Nilschlamm absetzen konnte. Zu dieser Zeit zogen sich auch die nomadisierenden Rinder- und Ziegenhirten, deren Savannen-Weiden zu veröden begannen, ins Niltal zurück. So trugen sie gemeinsam mit den vorderasiatischen Einwanderern zur stürmischen Entwicklung der ägyptischen Zivilisation bei.

Die Jagd spielte keine nennenswerte Rolle mehr. Schlagartig wurden in Ägypten Rinder, Schafe, Schweine (zunächst bezeichnenderweise nur im Norden) und Ziegen gehalten. Gleichzeitig begann der Anbau von Weizen. In der Bibel wird insbesondere der Kulturraum von Ägypten, Palästina und Syrien als "hamitischer" Kulturraum betrachtet. Diese Sichtweise haben wir übernommen, und tatsächlich ist eine langjährige enge Bindung von Palästina und Syrien an Ägypten ein historisches Faktum.

Bereits aus der Anfangszeit sind die Metallbearbeitung, die Korbmacherei, die Töpferei, das Weben sowie die Färbung und Bemalung von Materialien bekannt. Spätestens ab 4.000 vor Christus ist Ägypten ein Zentrum der Kupferverarbeitung. Dabei wurde zunächst auf Kupfervorkommen im eigenen Land und im Sinai zurückgegriffen. Die Funde und Grabbeigaben zeigen weiterhin, dass es bereits eine gewisse Arbeitsteilung gab. So wurde neben der Existenz von Töpferwaren und Figuren auch das Vorhandensein von Schmuck festgestellt. Dies spricht dafür, dass es bereits Handwerker gab, die von der landwirtschaftlichen Grundlagenwirtschaft freigestellt waren.

Auffallend ist der Wandel in den Bestattungsriten. Friedhöfe wurden in der Regel am äußersten Rand der jeweiligen Ansiedlung angelegt. Spätestens in diese Zeit fällt auch der Beginn des Glaubens an ein Weiterleben nach dem Tod. Die Verstorbenen wurden auf eine Reise in ein nächstes Leben vorbereitet. Grabbeigaben - insbesondere Nahrungsmittel - bestätigen dies. Dass sich neben der technologischen und wirtschaftlichen Basis auch die Bestattungsriten veränderten, ist ein klares Anzeichen für einen Kulturimport durch Wanderungen. Aufgrund der zeitlichen Abfolge der Entwicklung konnte eine Besiedlung von Norden nach Süden festgestellt werden.

Auch in *Nabta* kam eine große Wende unter Änderung aller zivilisatorischen Grundlagen um 5.500 vor Christus. Erst kürzlich wurde dort die *älteste astronomische Megalithenanordnung der Welt* entdeckt. Es handelt sich um eine Kreisanlage nebst fünf Reihen von Megalithen. Einige sind fast drei Meter hoch und wurden aus Entfernungen von wenigen Kilometern zusammengetragen. Diese Anlage - erbaut ca. 4.500 vor Christus - ist zwar etwas jünger als die ältesten Kreisanlagen und Sonnenobservatorien in Europa, besteht aber aus Steinen, während die Anlagen in Europa noch aus Gräben und Palisadenzäunen gebaut wurden. In der Nähe finden sich ein behauener Fels, der einer aufrecht stehenden Kuh ähnelt (eine "frühe Sphinx") und Gräber sorgfältig bestatteter Rinder ("Stierkult"). Einerseits entstand diese Anordnung erst ca. 1.000 Jahre nach der Flut, verblüffend ist andererseits, dass sie sehr weit abseits des zu erwartenden Zentrums in Unterägypten (Nildelta) entstand.

Als Folge der Kraft des Nils, der regelmäßig über die Ufer tritt und in der Zeit bis 3.000 vor Christus auch von stärkeren Regenfällen gespeist wurde, wurden die Funde, die hier zur Beschreibung der kulturellen und wirtschaftlichen Basis herangezogen werden, lediglich in Oasen, in der Wüste sowie an der südwestlichen Ecke des Nildeltas entdeckt. Funde aus der Nähe des Nils oder aus dem Nildelta selbst sind für diese Zeit nicht bekannt. Insgesamt ist die Zahl der prädynastischen Funde - insbesondere im Norden Ägyptens - leider klein. Die aktuelle Meeresarchäologie hilft nicht weiter, weil ohne Sedimentbedeckung am Meeresboden nur die Reste des alten Alexandria und der Ptolemäerzeit zu finden sind. Insgesamt nährt die bisherige Darstellung der Entwicklung in Ägypten angesichts der offensichtlich fehlenden oder noch nicht entdeckten "Zwischenstufen" den Argwohn vieler Betrachter. Die Archäologen dürfen nicht über ihre tatsächlichen Funde hinaus spekulieren. Der "unerklärliche" Sprung in der Entwicklung öffnet andererseits Tür und Tor für die Phantasie.

Die indoeuropäische Sprachfamilie

Eine faszinierende Entdeckung im eurasischen Kulturraum war schon vor längerer Zeit, dass die in Vorderindien verwendete Schriftsprache Sanskrit erhebliche Parallelen zu den europäischen Sprachen aufweist, die nicht durch Zufall erklärt werden können. Inzwischen wurden die sprachlichen Zusammenhänge erforscht und das Indoeuropäisch, das früher als Indogermanisch geläufig war, als Sprachraum identifiziert.

Nach neueren Untersuchungen ist bekannt, dass auch zwischen dem indoeuropäischen und dem asiatischen Sprachraum Parallelen bestehen, so dass man auch einen größeren, "eurasischen" Sprachraum betrachten könnte. Gleichzeitig hat man festgestellt, dass Sprache und Genetik in einer engen Verwandtschaft zueinander stehen. Da die heutigen Menschen nach der derzeit herrschenden Überzeugung der Anthropologen von einer kleinen Gruppe afrikanischer Vorfahren abstammen, ist einleuchtend, dass bei genauer Betrachtung die ganze Welt ein Sprachraum sein muss, wenn alle Menschen genetisch einer Linie entstammen.

Allerdings lassen sich Sprachen zuverlässig nur über relativ kurze Zeiträume zurückverfolgen. Dies resultiert schon daraus, dass über die frühen Sprachen keine schriftlichen Aufzeichnungen bekannt sind. Spätestens ab 3.000 vor Christus rückwärts kann der Verlauf nur noch anhand von Genetik, Wanderungsspuren und Analogieschlüssen nachvollzogen werden. Sprachforschung, Archäologie und Genetik stehen in einem gegenseitigen Abhängigkeitsverhältnis. So ist denn auch das entscheidende Problem bei der Eingrenzung eines Sprachraums die Frage, wie weit man zeitlich zurückgeht. Zwischenzeitlich als überholt angesehene Theorien kann man auch nicht unbedingt als "falsch" ansehen. Der neuen Betrachtung liegt lediglich ein anderer Zeitrahmen zugrunde.

Was alle Theorien zur Entstehung der indoeuropäischen Sprachfamilie gemein haben, ist die Herkunft der Sprache aus dem Raum des Schwarzen Meeres - woher genau, darüber streiten die Gelehrten noch. Eine zwischenzeitlich überholte Theorie geht davon aus, dass die Wurzeln der indoeuropäischen Sprache im nördlichen Schwarzmeerraum zu suchen sind. Demnach wäre die Sprache durch Eroberungszüge der dort ansässigen Kurgan-Kultur verbreitet worden. Diese habe mit Einführung von Pferd und Wagen in der Zeit von 4.000-2.500 vor Christus Europa und Indien überrannt und dabei die indoeuropäische Sprache verbreitet. Eine dieser Kulturen war die Sredny-Stog-Kultur, die von 4.500-3.500 vor Christus in der Dnjepr-Region ansässig war.

Es ist unbestritten, dass diese Bewegung zu der Verbreitung der dort bereits gesprochenen indoeuropäischen Sprachen beigetragen hat. Unwahrscheinlich ist hingegen, dass diese Eroberer, die in der Regel auch einen wirtschaftlichen Verfall auslösten, tatsächlich die indoeuropäische Sprache verbreitet haben. Heute geht man überwiegend davon aus, dass diese Bewegung innerhalb des bereits existierenden indoeuropäischen Sprachraumes stattfand. Zunächst einmal ist gar nicht gesichert, dass diese osteuropäische Kultur die eines Reitervolkes war. Viele Anzeichen deuten bereits auf eine Sesshaftigkeit. Es stellt sich auch die Frage, was diese Menschen veranlasst haben sollte, sich in alle Himmelsrichtungen in Bewegung zu setzen. Der entscheidende Punkt ist aber wohl, dass diese Region gar nicht so viele Menschen hervorbringen konnte, um den gesamten Raum von Westeuropa bis Vorderindien sprachlich zu überlagern.

Insbesondere auch der Zusammenhang von Genetik und Sprache deutet darauf hin, dass die Ausbreitung der Sprache und die landwirtschaftliche Entwicklung Hand in Hand gehen. Die Ausbreitung der Sprache ist die Folge der Eroberung neuer Lebensräume über viele Generationen hinweg. So lassen sich auch Sprachinseln wie zum Beispiel das Piktische in Schottland und das Baskische in Nordspanien erklären: Diese Pyrenäenbewohner waren sehr viel früher eingewandert und hatten selbständig bereits eine Landwirtschaft entwickelt, so dass eine Mischung von einwandernden Landwirten mit der Urbevölkerung nicht erfolgte. So haben die Basken rund ein Dutzend verschiedene Begriffe für das Wort "Stein" als Reminiszenz an diesen ursprünglich vorherrschenden Werkstoff in ihrer eigenen nicht indoeuropäischen Ursprache erhalten.

Heute geht man - auch basierend auf genetischen Daten - davon aus, dass das Zentrum der indoeuropäischen Sprachen rund um das Ägäische und das Marmarameer zu suchen ist. Sie breitete sich zuvor ab etwa 8.000 vor Christus mit der einsetzenden Landwirtschaft zunächst in Anatolien aus. Lebenserwartung und Bevölkerungsdichte waren bei existenter Landwirtschaft höher als bei Jäger-Sammler-Kulturen. Die Sprache verbreitete sich mit den ersten Wanderungsbewegungen zunächst nach Persien, Griechenland, auf den Balkan und in die Nordschwarzmeerregion. Von dort soll dann nach herrschender Lehre die Weiterverbreitung in entfernte Regionen erfolgt sein.

Offensichtlich ist es den Sprachwissenschaftlern und Genetikern gelungen, den Ausgangspunkt der indoeuropäischen Sprachfamilie am Bosporus nach vielen Irrungen und Wirrungen so exakt zu lokalisieren, wie es nach den Regeln der Kunst überhaupt möglich war. Was sie nicht wussten und mithin bisher nicht in das Kalkül einbeziehen konnten, ist die frühe versunkene (mittel-jung-steinzeitliche) Hochkultur im Schwarzmeerbecken, deren sprachliches Fundament sie folgerichtig südlich des Schwarzen Meeres gefunden haben. Niemand hat bisher damit gerechnet, dass die Menschen mit ihrer später so genannten und so differenzierten indoeuropäischen Sprache "wie Fischbrut aus dem Meer" an Land gingen. Wissenschaftskritisch betrachtet war das Ergebnis der Sprachforscher "bis auf weiteres richtig". Der südwestlich des Pontos gezirkelte "Sprachkreis" muss nur auf die versunkene nordwestliche Schwarzmeerebene erweitert werden.

Nach unserer hier vorgestellten Theorie ist es zunächst insbesondere in der nordwestlichen Schwarzmeersenke (dem Siedlungsgebiet von Atlantis) zu einem starken Bevölkerungswachstum und damit zu einer Verfestigung und Vermehrung der sprachlichen Grundlage gekommen. Nur so ist zu erklären, dass nach der Überflutung 5.510 vor Christus eine solche Wanderungswelle in Gang kam, dass sich neben der Landwirtschaft (neolithische Revolution) auch die Sprache so rasch über den europäischen Kontinent und bis nach Vorderindien verbreiten und als Kulturträger dominieren konnte. Die nachfolgenden Kurgan-Wanderungen sind dann tatsächlich nur noch Verschiebungen innerhalb eines Sprachraums, so wie auch die Einwanderungen nach Griechenland - sei es aus Anatolien, vom Balkan oder aus dem übrigen Osteuropa.

Mit dem Bosporusdurchbruch wurde nicht nur ein Zentrum der indoeuropäischen Sprachentwicklung vernichtet und die verbliebene Substanz in alle Himmelsrichtungen zerstreut. Es entstand auch ein Riss durch den verbliebenen Sprachraum. Die indoeuropäische Sprache teilte sich in einen europäischen Nord- und einen asiatischen Südteil. Vor diesem Hintergrund ist als Fußnote der Geschichte anzumerken, dass ein Teil der Herkunftsregion des Indoeuropäischen - Anatolien - mit seiner türkischen Sprache heute nicht mehr zum indoeuropäischen Sprachraum gehört, da es im 11. Jahrhundert nach Christus durch die einwandernden Türken aus Zentralasien überlagert wurde.

Die Entwicklung von Schrift- und Zahlzeichen

Wenn man auf die (noch) vorherrschende Lehrmeinung zur Entwicklung der Schrift zurückgreift, so ergibt sich folgendes Bild. Zunächst wurde im Süden Mesopotamiens - um 3.350 vor Christus - eine relativ komplexe Bilderschrift eingeführt. Um 3.200 vor Christus verwendeten die Sumerer bereits die Keilschrift. Die Konzeption einer Schrift ist dann um 3.000 vor Christus nach Ägypten übertragen worden - inzwischen gibt es darüber aber einen Gelehrtenstreit. Die Ägypter verwendeten Hieroglyphen, wobei die Schreiber später auch eine kursive Schrift - das so genannte Hieratisch - nutzten. Um 1.650 entwickelte sich auf Kreta ebenfalls eine Schrift, das so genannte "Linear A".

v. Chr.	Stufe der Schriftentwicklung
ca. 20.000	Höhlenmalereien
8.000	Bilderschrift/Reliefs z.B. in Göbekli Tepe
6.000	Siegel in Catal Höyük und Jericho
6.000-5.500	Entstehung einer Atlantis-Schrift (?)
5.500	abstrakte Schrift der Vinca-Donau-Kultur
3.350	komplexe Bilderschrift in Süd-Mesopotamien
3.300	Schrift in Ägypten (Hieroglyphen), nach DREYER
3.200	komplexe Keilschrift der Sumerer
1.650	Schrift auf Kreta „Linear A"

Nach unserer Meinung greift die bisherige Sichtweise viel zu kurz. Schon seit über 50.000 Jahren ist der vernunftbegabte Mensch unstrittig zu der abstrahierenden Leistung von Symboldarstellungen in der

Lage; Jean-Luc GUADELLI vom prähistorischen Institut der Universität Bordeaux glaubt sogar, geritzte Zeichen in einem Huftierknochen von vor 1,3 Mio. Jahren gefunden zu haben.

Am Anfang der *Zeichenbildung* steht in der Regel eine einfache *Bilderschrift* oder auch Wortschrift, bei der einzelne Bilder das bedeuten, was sie darstellen. Heute spricht man von "icons". Icons sind "Bildchen", die jeder mit Vernunft in diese Welt Geborene auf Anhieb und ohne zusätzliche Erläuterungen "lesen", d.h. verstehen kann. Ein Baum meint einen "Baum" und ein Mensch mit Trinkgefäß meint "trinken". Der nächste Schritt der Entwicklung ist die Bildung von *Piktogrammen*. Hierbei handelt es sich um vereinfachte Darstellungen bestimmter Sachverhalte. Die Beispiele hierfür sind auch heute noch vielfältig, man denke zum Beispiel an Verkehrszeichen oder auch das international standardisierte Zeichen für Notausgang.

Die nächste Entwicklungsstufe in der schriftlichen Darstellung ist die so genannte Linearisierung. Hierbei werden die Piktogramme durch einfache Zeichen (Striche, Punkte, Kurven in jeder denkbaren Kombination) ersetzt. (Was Sie hier vor sich sehen, ist eine *linearisierte Schrift*, die durch Abstraktion der einzelnen Zeichen entsteht.) Das "Linear A" ist die erste linearisierte Schrift auf Kreta. Diese basiert aber auf einer früheren Bilder- oder Piktogrammschrift. Während Bilder und Piktogramme ohne Einübung sofort verstanden, also „gelesen" werden können, muss das Lesen von Linearschriften erlernt werden.

Die Schriftzeichen sind *eine* Sache, ihre *Bedeutung* etwas anderes. Man unterscheidet hierbei die Wortschrift, die Silbenschrift und die phonetische Schrift. Die Lateinische Schrift, wie sie auch hier verwendet wird, ist eine *phonetische Schrift*, bei der jeder Buchstabe einen Laut bezeichnet. Da einige Laute mit den zur Zeit der Entwicklung der lateinischen Schrift verwendeten Zeichen nicht darstellbar sind, werden teilweise auch Kombinationen verwendet.

Die *Silbenschrift* ist auch eine Art von phonetischer Schrift, wobei das jeweilige Zeichen eine Buchstabenkombination bezeichnet. Selbsterklärend erfordert diese Art der Schrift eine größere Anzahl an Schriftzeichen, wie die Kalligraphie der Chinesen beweist. In den alten ägyptischen, hebräischen und sumerischen Schriften wird von diesem Konzept teilweise Gebrauch gemacht, wobei die Vokale ausgelassen werden. Welche Vokale zu nutzen sind, war für den damaligen Leser, der die Phonetik beherrschte, klar, die heutigen Leser haben damit jedoch ihre Probleme, da die Sprachen ausgestorben sind, während die Schriftzeichen überlebt haben. Die Rekonstruktion der Sprache aus der Schrift ist daher schwierig. Daraus erklärt sich auch die unterschiedliche Wiedergabe von Namen aus heutiger Sicht (bekanntestes Beispiel: Jehova = Jahwe).

Bei der *Wortschrift* ist es erforderlich, für jede Sache und jede Tätigkeit ein Bild zu hinterlegen, was natürlich eine riesige Anzahl von Zeichen erforderlich macht. Andererseits ist diese Schrift teilweise auch für Außenstehende verständlich. Man denke an die Cartoons, die sich heute vielfach finden und auch, teilweise ohne jeden Einsatz linearisierter Schrift, komplexe Dinge darstellen können.

Ein weiterer wichtiger Aspekt ist das *Erkennen der Schrift*. Um eine Schrift als solche zu erkennen, ist es nötig, nicht nur einzelne Zeichen, sondern eine Abfolge zu finden. Weiterhin ist es erforderlich, dass bestimmte Zeichen wiederholt auftreten. Schließlich ist es notwendig, dass der Betrachter die Schrift versteht und in einen Gesamtkontext einfügen kann. Ein politischer Cartoon aus einem Land wird in einem anderen Land nicht unbedingt verstanden. Dies liegt daran, dass die abgebildeten Personen oder Vorgänge für den Betrachter keinen vernünftigen *Sinnzusammenhang* ergeben. Wenn wir uns heute frühere Bilder (zum Beispiel Höhlenmalereien) ansehen, so werden diese vielfach schlicht als einfache Abbildungen der Umgebung interpretiert. Aus Sicht der damaligen Menschen kommt den abgebildeten Tieren, ihrer Kombination und auch ihrer Anordnung möglicherweise eine bestimmte Bedeutung zu, die wir heute nicht mehr erkennen können.

Ein typisches Beispiel sind die 10.000 Jahre alten Reliefs aus Göbekli Tepe. Man kann natürlich annehmen, dass die Steinzeitmenschen diese Reliefs als ästhetische Ansichten aus dem Gestein geschlagen haben. Andererseits kann man auch vermuten, dass den Bildern eine bestimmte Bedeutung zukommt. Wahrscheinlich trifft sogar beides zu. Der Ort war ein Versammlungspunkt und gleichzeitig ein religiöses Zentrum über mehrere Jahrtausende hinweg. Ob hier eine frühe Schrift gefunden wurde, wird derzeit kontrovers diskutiert. Es kann also durchaus sein, dass man eine alte Schrift nicht erkennt, selbst dann, wenn man sie vor Augen hat.

Gleichzeitig muss man eine gewisse Mindestmenge an Schriftzeichen finden. Auch das macht es schwierig, alte Schriften zu identifizieren. Ein einzelnes Zeichen kann kaum als Schrift identifiziert werden. Hier stellen sich gleich mehrere Probleme. Einerseits betrug die Weltbevölkerung um 5.500 vor Christus gerade einmal 10 bis 20 Millionen Menschen (zum Vergleich: Deutschland hat heute rd. 80 Millionen Einwohner). Schon dies macht es schwierig, eine Vielzahl von Schriftzeichen zu finden, da die Bevölkerungszahl an sich klein war und von dieser Bevölkerung nur ein kleiner Anteil überhaupt in der Lage war, mit einer Schrift umzugehen. In der Regel waren die Priester gleichzeitig die Schriftgelehrten, die Lesen, Schreiben und Rechnen als geheimen Kult betrieben (Hieroglyphen = heilige Bildzeichen in Ägypten).

Ein ähnlicher Aspekt ist auch der "Zahn der Zeit". Sicherlich erhalten sich Schriftzeichen auf keramischen Arbeiten oder auf zufällig in Feuersbrünsten gehärteten Lehmziegeln sehr gut. Andererseits ist es aber sogar wahrscheinlich, dass die Steinzeitmenschen Baumrinden, Leder oder ähnliche vergängliche Schriftträger benutzten, die keine erkennbaren Schriftzeugnisse hinterlassen. Schließlich sind die Anfänge der Schrift wohl in der Form einer Wort- und Bilderschrift zu suchen. Da es in diesem Fall sehr viele Schriftzeichen gegeben haben muss, wäre es auch erforderlich, einen sehr großen Fund an einer Stelle zu machen, um wiederkehrende Zeichen oder Zeichenfolgen als Schrift zu identifizieren.

Begründet werden kann die Existenz einer Schrift mit *gesellschaftlichen Entwicklungen*. Zweck von Schrift- und Zahlenzeichen ist es, Fakten festzuhalten und Daten sowie Wissen weiterzugeben. Weiterhin dient die Schrift zur Organisation ("Aktenführung") und zur Kommunikation im Fernhandel sowie zwischen Herrscherhöfen. Die Schrift erweitert den räumlichen und zeitlichen Aktionsradius der Nutzer. So kann durch die Mitgabe von schriftlichen Dokumenten ein Informationsaustausch über große Entfernungen hinweg erfolgen. Gleichzeitig erlaubt die Schrift, Informationen und Wissen über große Zeiträume zu überliefern, ohne dass diese Veränderungen unterliegen.

Die Schrift ist eine wichtige Grundlage jeder umfangreicheren wirtschaftlichen Betätigung, sei es zur Bestandsaufnahme, zur Aufzeichnung von Handelsgütern, zur Feststellung von gezahlten Steuern, Tributen und Opfergaben in den Tempeln oder auch zur Planung. Die Verbreitung der Schrift in Babylon und Ägypten geht mit dem wirtschaftlichen und kulturellen Aufstieg einher, der sich heute noch an Hand von Bauten (Türmen, Tempeln, Pyramiden) festmachen lässt. Auch die minoische Schrift ist letztlich eine Entwicklung für den Seehandel gewesen, um den Güteraustausch aufzuzeichnen. Ein interessanter Aspekt dabei ist, dass die Schrift häufig mit dem Entstehen von Siegeln einhergeht, die in aller Regel einer Ware einen Stempel zur Beweissicherung des Eigentumsrechtes aufdrücken. Teilweise wird sogar die Ansicht vertreten, dass die Schrift nicht eine Folge, sondern eine Voraussetzung für das Entstehen früher Hochkulturen war.

Bereits vor der Großen Flut waren diese Bedingungen für eine Schrift gegeben. So sind durchweg Güteraustausch der städtischen Ansiedlungen mit dem Umland und auch Fernhandel nachgewiesen. Insbesondere der Obsidian springt hier ins Auge, der in der Mittelsteinzeit schon über Entfernungen von bis zu 500 Kilometern von der Kykladeninsel Melos, vom Vulkan Hasan Dag und aus anderen Fundstätten herangeführt wurde und wohl auch ein frühes Stoffgeld war.

Darüber hinaus fällt auch das Vorhandensein von Siegeln wenigstens in Jericho und in Catal Höyük (dort in Massen) auf. Das Bestehen von Ansiedlungen mit mehreren Tausend Menschen verlangt danach, Aufzeichnungen über den jeweiligen Dienst an der Gemeinschaft zu führen, man denke nur an die Befestigungsanlagen und Bewässerungssysteme in Jericho. Diese Voraussetzungen sind ebenso - möglicherweise in verschärfter Form - auch für Atlantis in der beschriebenen Struktur gegeben, so dass wir Schrift- und Zahlzeichen, Zeitmessung, Lesen, Rechnen und Schreiben für Atlantis postulieren müssen.

Bei unserer Suche nach den Anfängen der Schrift sind wir auf mehrere interessante Aspekte gestoßen, die das Entstehen der Schrift erst im späten 4. Jahrtausend vor Christus sehr in Frage stellen.

Der deutsche Archäologe DREYER hat auf dem Hauptfriedhof in der Wüste nahe Abydos Scherben gefunden, die darauf hindeuten, dass die *ägyptische Schrift älter ist als bisher vermutet.* Abydos im Norden von Ägypten war spätestens seit Beginn des 4. Jahrtausends vor Christus Zentrum von Unterägypten am Unterlauf des Nils. Die Funde von DREYER deuten darauf hin, dass es vor der schriftlich überlieferten ersten Dynastie noch eine weitere Dynastie von Pharaonen gegeben hat, eine "Dynastie Null". Die Namen der Pharaonen lassen sich teilweise anhand der Schrift rekonstruieren. Hierbei sticht besonders hervor, dass es sich hierbei bereits *um eine voll ausgebildete phonetische bzw. Silbenschrift unter Verwendung der Regeln der Hieroglyphenschrift handelt. Das Vorhandensein einer ausgebildeten lautorientierten Schrift um 3.300 vor Christus legt nahe, dass es bereits einen längeren Vorlauf aus Bilderschrift und eine Übergangsphase von der Bilderschrift zur phonetischen Schrift gegeben haben muss.*

Dies ist ein Beleg dafür, dass die Entwicklung der Schrift in Ägypten sehr viel früher beginnt als bisher angenommen. Ergänzend tritt hinzu, dass auch auf früheren prädynastischen Gefäßen bereits Zeichen auftreten, die später zu den Hieroglyphen zählen. Auch der Archäologe DREYER verfügt über noch älteres Material, das noch ausgewertet wird. Mit diesen Funden wird der bisher teilweise angenommene Vorrang der Sumerer in Frage gestellt, wobei wir allerdings davon ausgehen, dass deren Vorläuferschrift ebenfalls existiert, diese aber nicht in Babylon zu suchen ist.

Aus dem Rahmen fallend sind die *Schriftzeichen der Vinca-Kultur*. Es ist grundsätzlich anerkannt, dass diese Kultur, die auf dem Balkan heimisch war, *ab 5.500* vor Christus bereits Schriftzeichen benutzte. Einerseits erlaubte die Vielzahl der Funde es bereits, aus den Schriftzeichen ein eigenes "Vinca-Alphabet" zu bilden. Andererseits ist die Bedeutung dieser Zeichen unklar, da die Kultur und die Sprache vollständig untergegangen sind. Von den insgesamt 230 Zeichen, die bisher gefunden wurden, sind mindestens 156 eindeutig abstrakte Zeichen (HAARMANN). Diese Schrift muss einen noch älteren Vorlauf gehabt haben.

Beachtlich ist weiterhin, dass die Vorgeschichte dieser Schrift völlig unbekannt ist. Die Schrift taucht erstmals mit *neuen* Siedlern (Vinca, Linearbandkeramik) auf dem Balkan auf, die dort vorher nicht ansässig waren. Die Herkunft der Siedler und ihrer Schrift ist bis dato ungeklärt. Auch gibt es keine regionalen Differenzierungen, was gegen eine lokale Entwicklung und für den Übertrag der gesamten Schriftstruktur aus einer einheitlichen Quelle spricht. Insgesamt erschien es bisher jedoch unpassend, dass in Alteuropa - von Vorderasien und Ägypten getrennt - eine Schrift existiert haben soll, lange bevor solche für Mesopotamien oder Ägypten festgestellt wurden.

Nach der Entdeckung wurden die Zeichen zunächst auf das 3. Jahrtausend vor Christus datiert. Man ging aufgrund von Ähnlichkeiten davon aus, dass es sich um einen Ausläufer der Babylonischen Schrift (der älteren Piktogrammschrift) handelte. Nachdem nun aber festgestellt wurde, dass die ältesten Schriftzeichen in der Donauregion mehr als 2.000 Jahre älter sind als die ersten Schriften in Babylon, ist es nach HAARMANN verdächtig still um dieses Thema geworden.

Da die Schriftzeichen vor allem als Kurzsequenzen und in der Regel in Begräbnisstätten gefunden wurden, wurde die Existenz dieser Schrift zwar in gewisser Weise akzeptiert, jedoch als einfache und nur zu religiösen Zwecken genutzte Kultschrift eingeordnet. Die oben angeführten Widersprüche lösen sich aber auf, wenn man begreift, dass Scherben als Grabbeigaben in aller Regel einen besseren Erhaltungszustand aufweisen, da diese Gefäße erstens nicht durch Gebrauch zerstört worden sind und zweitens durch Vergraben den Einwirkungen der Natur entzogen wurden.

Wir wollen der Theorie nicht folgen, dass es sich nur um eine Sakralschrift handelte, um Göttern kurze Mitteilungen zu geben. Dafür war die Schrift eindeutig zu ausgefeilt. Wahrscheinlich sind die "Geschäftsunterlagen" auf Baumrinden, Leder und anderen vergänglichen Stoffen einfach untergegangen. Nur weil die Babylonier Tontafeln (aufgrund der Umweltbedingungen) nutzten und die Ägypter ihre Hieroglyphen (auch) in Stein schlugen, müssen die Donaukulturen deswegen nicht auch haltbare Medien genutzt haben - außer eben bei Grabbeigaben und einigen Gebrauchsgegenständen, die gefunden wurden und entsprechende "Fürbitten" oder Maßangaben enthalten.

Wenn unsere Theorie zutrifft und das Zentrum von Atlantis im nordwestlichen Schwarzmeer vor der heutigen ukrainischen und rumänischen Küste gelegen hat, ist die Vinca-Kultur das Ergebnis der Zwangsumsiedlung aus Atlantis, aber auch schon ihrer früheren Ausstrahlung in den Donauraum. *Die Vinca - die ja 5.500 vor Christus die vorher ansässige Kultur ablösten - sind Atlantis-Flüchtlinge.* Insofern erscheint es auch völlig richtig, dass diese eine Schrift nach Europa mitgebracht haben, die man dort bisher nicht vermutet hätte. Einige Untersuchungen gehen davon aus, dass diese Schrift eine Beziehung zu den nordischen Runen, dem minoischen Linear A, der sumerischen Piktogrammschrift und insbesondere auch dem vorderindischen Schriftgebrauch hat. Dabei sollte auch berücksichtigt werden, dass die Sumerer vom Norden her eingewandert sind.

Schließlich kommt die amerikanische Forscherin GIMBUTAS zu dem Ergebnis, dass es schon in *Catal Höyük* im 6. Jahrtausend vor Christus Schriftzeichen gegeben hat. Diese Zeichen, die sich in Wandmalereien fanden, lassen sich noch heute in anatolischen Teppichen aufspüren. Man kann sie für überlieferte Bilder halten - genauso gut aber für überlieferte *Hieroglyphen*, heilige Schriftzeichen. Diese Feststellung unterstreicht noch einmal unsere Meinung, dass die gefundenen Siegel in Catal Höyük nicht (nur) als Schmuck dienten, sondern gleichzeitig Belege einer wirtschaftlichen Betätigung waren.

Für uns ergibt sich im Ergebnis, dass die Schriftensysteme in Babylon, Ägypten und auf Kreta nicht (ausschließlich) durch Austausch unter diesen entstanden sind. Vielmehr dürften Schrift- und Zahlzeichen schon vorher und auch anderswo bekannt gewesen sein. Die Überlieferung jedenfalls betont, dass Atlantis schon lange vor den Griechen eine Schrift und Maße kannte und dass die Schrift in Atlantis und Ägypten etwa gleich alt ist. *Die bisher bekannten Schriftensysteme sind demnach nur Ausprägungen eines gemeinsamen Vorläufers.* Nach unserer Meinung haben sich nach der Flucht von 5.510 vor Christus nördlich und südlich des Schwarzmeeres die Schriften weiterentwickelt, wobei die ägyptische Schrift als eine frühe Fortentwicklung im Süden zu sehen ist, das Sumerische hingegen als "nordschwarzmeerische" Schrift eine Weiterentwicklung aus Europa sein könnte.

Die Atlantissage beschreibt ausdrücklich, dass es in Atlantis eine Schrift und Maße für den Handel sowie Zahlen und Rechenverfahren für Bauwerke gegeben hat. Nach PLATO handelt es sich bei der Atlantissage um eine wahre Geschichte, die von den Ägyptern bereits früh schriftlich fixiert wurde. Diese Aspekte sind von großer Bedeutung. Es ist sicherlich möglich, eine Geschichte - gerade eine solch einschneidende - über viele Generationen hinweg mündlich zu übertragen. Wissenschaftliche Untersuchungen bestätigen dies. Andererseits vertreten wir hier den Untergang von Atlantis im Jahr 5.510 vor Christus. Es ist aus unserer Sicht schwer vorstellbar, dass die Atlantissage mehr als 2.000 Jahre mit dem vorgefundenen Detaillierungsgrad mündlich überliefert wurde.

Auf der Basis der oben genannten Ausführungen meinen wir daher, dass die Atlantissage bereits früh detailliert schriftlich niedergelegt wurde und danach inhaltlich weitgehend unverändert Bestand hatte, bis SOLON und PLATO willkürlich noch einige Aspekte hinzufügten, die selbstverständlich nicht in die eigentlich beschriebene Zeit passen. Wenn der versunkene Hauptsitz von Atlantis im nordwestlichen Schwarzmeer gefunden wird, dürfte es daher im Umkehrschluss erwiesen sein, dass es dort auch eine Schrift und die Grundlagen der Mathematik gab.

Auch wenn ausgefeilte Schriftcodes und Regeln der Trigonometrie erst aus sehr viel späterer Zeit nachgewiesen sind, schließt das frühere Zahl- und Schriftzeichen sowie Zeitmessungen nicht aus. Vielleicht sind diese mit einem ersten Höchststand der Entwicklung mit den Tempelanlagen von Atlantis versunken. Auch die Kreiszahl war wohl angesichts des konzentrischen Aufbaus von Atlantis keine neue

Erkenntnis der Ägypter und Babylonier. Die Babylonier rechneten schon sehr exakt mit $\pi = 3,0$, die Ägypter mit $3,16$. Vielleicht haben sie mit der Schrift auch die Grundregeln der Mathematik geerbt.

Atlantis - eine versunkene Entwicklungsstufe der Zivilisation

Nach 200 Jahren Ägyptologie muss die *kulturelle Entwicklung in Ägypten dem interessierten Beobachter ein Rätsel bleiben.* Fast aus dem Nichts entsteht 3.100 vor Christus eine Hochkultur. Wenige hundert Jahre später (um 2.500 vor Christus) werden fast ohne Vorlauf die gewaltigen Pyramiden von Gizeh erbaut. In der Tat ist dieser Zeitsprung in der ägyptischen Geschichte bemerkenswert. Auffällig ist auch, dass die Hochkultur nach herrschender Lehre in Ägypten erst aufblüht, nachdem eine weit entwickelte Hochkultur in Mesopotamien bereits seit wenigstens 1.000 Jahren existierte. Dabei ist noch zu berücksichtigen, dass die Wasser des Nils durchaus regelmäßiger, kalkulierbarer und zu einer günstigeren Zeit über die Ufer traten, so dass man anhand dieser Umweltbedingungen eigentlich eine frühere Entwicklung in Ägypten vermuten würde.

Neuere Funde könnten den Beginn der ägyptischen Entwicklung weiter in die Vergangenheit rücken. So zeigt sich doch, dass auch die prädynastische Periode zwischen 5.500 und 3.100 vor Christus bereits einen relativ hohen Entwicklungsstand hatte. Hier entstanden die Grundlagen für das schriftlich überlieferte dynastische Ägypten. Bei der ägyptischen Entwicklung wird immer wieder auf die Übernahme von babylonischen Elementen durch die Ägypter verwiesen. Zwischenzeitlich erfährt man aber, dass mesopotamische Motive und Gegenstände lediglich eine eher kurze Phase in Ägypten prägten. Diese Faktoren legen nahe, dass die ägyptische Kultur früher und höher entwickelt war, als bisher angenommen wurde.

In diesen Zwiespalt der Ägyptologie dringt der Amerikaner SCHOCH mit seiner Hypothese ein, dass die bei den Pyramiden von Gizeh liegende Sphinx sowie der zugehörige Tempel deutlich älter seien als die Pyramiden. Derzeit werden beide Bauwerke der Tätigkeit des Pharaos Chephren zugeordnet. Dies legt einen Bau in der Zeit um 2.500 vor Christus nahe. SCHOCH kommt hingegen zu dem Ergebnis, dass die Sphinx (oder auch der Sphinx, wenn der Pharao Chephren gemeint ist) *spätestens 5.000 vor Christus erbaut* wurde! Dabei geht SCHOCH davon aus, dass zur Zeit des Pyramidenbaues lediglich der vordere Teil freigelegt war. Durch den Pharao Chephren erfolgte dann später die Freilegung auch des hinteren Teils sowie die Neugestaltung des Pharaonenkopfes des Sphinx, der eine Vielzahl von "Schönheitsoperationen" hinter sich hat.

Die Sphinx ist ein 20 Meter hohes und 73 Meter langes Bauwerk, das heute die Form eines Löwenkörpers mit einem Pharaonenhaupt hat, direkt nach Osten sieht und in einer Senke liegt. Das Kunstwerk ist aus dem Fels geschlagen. Frei gewordene Steine wurden zum Bau eines zugehörigen Tempels direkt neben der Sphinx verwendet und später auch zum Bau der Pyramiden eingesetzt.

SCHOCH hat die Verwitterung der Sphinx nachvollzogen und dabei Erstaunliches festgestellt. Zum einen sei die Verwitterung sehr viel stärker ausgeprägt als bei den "zeitgleich" erbauten Pyramiden und "früheren" Anlagen in Sakkara. Darüber hinaus sei die Verwitterung auf heftige Regenfälle (vertikale Erosionsspuren) und nicht auf Sonneneinfall oder Sandabrieb (horizontale Erosionsspuren) zurückzuführen. Solche Regenfälle gab es in der Zeit von 5.000 bis 3.000 vor Christus noch regelmäßig, danach jedoch nicht mehr. Die Folgen der Verwitterung waren demnach bereits zur Zeit der Rekonstruktion durch den Pharao Chephren vorhanden. Dies erkennt man daran, dass die zur Verkleidung der Wände genutzten Steinplatten auf der Rückseite bereits diese Verwitterung abbilden. Darüber hinaus kommt der Wissenschaftler anhand von Sonaruntersuchungen zu dem Ergebnis, dass die Verwitterung vorne und an den Seiten der Sphinx sehr viel tiefer fortgeschritten ist als am hinteren Teil. Dies deutet darauf hin, dass der hintere Teil zeitweilig unter Sand begraben war oder aber Teile später abgeschlagen wurden.

Ergänzend kommt hinzu, dass die Sphinx nach den Idealen des Pyramidenbaus deplaziert, sozusagen „im Wege", liegt, so dass für den rituellen Weg vom Nil zu den Pyramiden vom rechten Winkel abzuweichen war. Die Tatsache, dass ein Wissenschaftlerteam um SCHOCH von den ägyptischen Behörden gewaltsam an der Erforschung gehindert wurde, dass auf der ursprünglichen Kulttafel des Pharaos Thutmosis IV eine Tür zu sehen ist und Gerüchte, dass ägyptische Archäologen bereits die Labyrinthe unter der Sphinx erkundet und eine solche Tür gefunden haben, haben umfangreiche "Verschwörungstheorien" genährt. Einige behaupten sogar, unter der Sphinx lägen die Reste einer Bibliothek von Atlantis.

Wir wollen nicht verhehlen, dass die von SCHOCH aufgestellte Hypothese von der Mehrheit der Archäologen nicht geteilt wird. Im wesentlichen handelt es sich allerdings um einen Streit zwischen Geologen, die für ein höheres Alter plädieren, und Archäologen, die die zugehörige menschliche Kultur vermissen. Es geht hier also nicht um eine Einzelmeinung! Es gibt durchaus gewichtige Gegenargumente: (1) So lassen sich die Verwitterungsspuren wohl auch durch Sandabrieb erklären. (2) Beim Bau der Chephren-Pyramide wurden Steine verwendet, die nur vom Aushub in der Sphinx-Gegend kommen können. (3) In der ursprünglichen Kulttafel von Thutmosis IV wird der Pharao Chephren als Erbauer der Sphinx ausdrücklich dargestellt. (4) Der Prozessionsweg wurde von den Ägyptern möglicherweise absichtlich nicht rechtwinklig angelegt, um sich das Auffüllen einer Mulde zu ersparen.

Wir meinen, dass die Gegenargumente zu der Theorie von SCHOCH seine Hypothese nicht zwingend entkräften: (1) Die Möglichkeit, dass Verwitterungsspuren von Sandabrieb stammen können, schließt nicht aus, dass die Spuren von Regenfällen stammen. (2) Wenn Chephren den hinteren Teil der Sphinx später freigelegt hat, ist es auch logisch, dass Steine aus der Gegend für den Bau der Pyramide verwendet wurden. (3) Folglich kann er sich auch als (Mit-)Erbauer feiern lassen. (4) Wir können uns nicht vorstellen, dass die Ägypter gigantische Pyramiden bauen und sich gleichzeitig scheuen konnten, mit dem anfallenden Abraum eine Mulde der vorliegenden Größenordnung zu füllen.

Da die Geologen eine recht einheitliche Position beziehen, ist die entscheidende Frage, ob bereits 5.000 vor Christus eine Kultur existierte, die in der Lage gewesen wäre, ein solches Bauwerk zu errichten. SCHOCH selber führt die Städte Catal Höyük und Jericho als Belege an. Besonders in Jericho waren bereits 7.000 vor Christus Monumentalanlagen errichtet worden. Aus unserer Sicht darf auch die Anlage von Göbekli Tepe nicht unterschätzt werden, deren Ausgrabung noch nicht lange zurückliegt, so dass die gewonnenen Erkenntnisse noch nicht überall ihren Niederschlag gefunden haben. Hier wurden bereits vor 11.000 Jahren Steine mit einem Gewicht von mehreren Tonnen bewegt und aufgestellt. Schließlich lässt auch die erst kürzlich in Nabta entdeckte uralte Megalithenanordnung und das dort gefundene "Sphinx-Modell" einer aus dem Stein geschlagenen Kuh ca. 4.500 vor Christus die Diskussion in einem anderen Licht erscheinen.

71

Wie wir bereits dargestellt haben, ist der *Anstieg des Weltmeeres* auch nach der Flut um 5.500 vor Christus weitergegangen. Dies hatte auf die archäologische Datierung der mesopotamischen städtischen Kulturen (ab 4.500 vor Christus) keinen Einfluss; Mesopotamien wurde von Norden her besiedelt. Selbst wenn im Süden durch ein Vordringen des Wassers Städte im Persischen Golf versunken wären, wären die ältesten Städte (im Norden) noch erhalten.

Wie aber wirkte sich der Anstieg des Pegels des Weltmeeres auf Ägypten aus? Hierzu möchten wir kurz auf eine Anekdote aus dem Buch von PITMAN und RYAN zurückgreifen. In einem völlig anderen Zeitalter - 5 Millionen Jahre vor unserer Zeit - war das Mittelmeer fast vollständig ausgetrocknet. In dieser Zeit grub sich der Nil - um den 3.000 Meter tiefer gelegenen Boden des Mittelmeeres zu erreichen - tief in die nordafrikanische Kontinentalplatte ein. Dies führte zu einem gigantischen Canyon. Als die Straße von Gibraltar wieder geflutet wurde und sich das Mittelmeer innerhalb von 100 Jahren regenerierte, wurde aus dem früheren Canyon eine Meeresbucht. Diese füllte sich im Laufe der Jahrmillionen mit Sedimenten, die der Nil aus den Tiefen Afrikas heranschaffte. Als russische Forscher zur Vorbereitung des Baues des Assuan-Staudamms Bodenproben nahmen, staunten sie nicht schlecht, als sie tausend Kilometer vom Mittelmeer entfernt Salzwassermuscheln zu Tage förderten. Diese Geschichte zeigt, *wie viel Sedimente der Nil mit sich trägt*, was auch dazu führt, dass der heutige Assuan-Staudamm Probleme mit Verlandung hat.

Stellen wir uns vor, dass Einwanderer aus der Gegend von Anatolien, Syrien, Palästina oder möglicherweise sogar Flüchtlinge aus der Pontosregion das Nildelta nach 5.500 vor Christus besiedelten und dort eine neue Siedlung errichteten. Diese Stadt kann lediglich ein paar Meter über dem damaligen Meeresspiegel gelegen haben. In der Zeit von 5.000 bis 3.000 vor Christus wäre der Wasserspiegel dann um ca. 15 Meter gestiegen. Eine vormalige Stadt würde damit heute bis zu *15 Meter unter der Wasseroberfläche* liegen. In Sais, der Stadt, in der die Ägypter aufgrund der geschützten Lage ihre wichtigsten Schriften - darunter die Atlantissage - aufbewahrten, sind Ausgrabungen heute sehr erschwert: Der Spiegel des Grundwassers ist zu hoch!

Das Nildelta ist aber nicht überflutet worden, da sich die eingetragenen Sedimente auf Höhe des Meeresspiegels ablagerten und so das Nildelta schnell genug auffüllten. *Demnach liegt dieser ältere ägyptische Siedlungshorizont heute tief im Boden* - und damit auch eventuell vorhandene frühere Bauwerke in der Art der Sphinx oder erste kleine

72

Pyramiden als Vorläufer der Großpyramiden von Gizeh. Das ist eine Erklärung dafür, weshalb nach heutiger Ansicht die Großpyramiden scheinbar so plötzlich und mit wenig Vorlauf (Stufen-, Knickpyramide) im Wüstensand bei Kairo errichtet wurden. Einige Vorläufer könnten im Nildelta versunken sein - und mit ihnen die älteste Dynastie der Pharaonen. Die so genannte "libysche Palette" im Museum von Kairo, die auf 3.100 vor Christus datiert wird, zeigt sieben befestigte Städte am Rande des Nildeltas: Wie viel Vorgeschichte hatten diese Städte? Und: Waren es die ersten Städte?

Man könnte jetzt sogar so weit gehen, darüber nachzudenken, ob nicht der damalige Anstieg der Weltmeere zu einer spürbaren Erhöhung des Wasserstandes im Delta und möglicherweise zu einer zeitweisen Überflutung oder Versalzung geführt hat. Dies könnte mit ein Auslöser für die Umsiedlung nach Abydos um 4.000 vor Christus und die Vereinigung von Ober- und Unterägypten um 3.000 vor Christus gewesen sein. Der Fund großer Anlagen im Nildelta hätte erhebliche Konsequenzen für die Ägyptologie und die Geschichtsschreibung insgesamt.

Die vordynastischen Fundstätten in Oasen, am Rande des Deltas und in Südägypten sind wahrscheinlich nur einfache dörfliche Ansiedlungen und Ausläufer am Rande einer frühen Hochkultur, die sich im Nildelta entwickelte! Damit könnte es auch eine hinreichend weit entwickelte Kultur gegeben haben, die in der Lage gewesen wäre, bereits 5.000 vor Christus oder früher die Sphinx an der südwestlichen Ecke des Deltas zumindest in ihrer vorläufigen Form aus dem Fels zu schlagen.

Wir halten darüber hinaus auch die Annahme für vernünftig, *dass vor den Großpyramiden bereits an derselben Stelle ältere Grabmäler existierten*, die - hauptsächlich wie die Sphinx aus dem Fels gehauen - heute noch die Basis der Bausubstanz von Gizeh bilden: Die Großpyramiden bestehen nämlich nicht völlig aus herangebrachten Felsblöcken; sie haben vielmehr um 2.500 vor Christus bestehende Felsstrukturen "überkront", so wie auch nach der Meinung von SCHOCH die Sphinx nur überarbeitet wurde. Dass die Basis der Pyramiden aus natürlichem Fels besteht, ist archäologisch und geologisch gesichert.

Damit wäre gleichzeitig erklärt, wieso die Ägypter (scheinbar plötzlich) in der Lage waren, solche Baumassen in so kurzer Zeit zu bewältigen, wieso dieses gerade hier so konzentriert geschah und warum die (als älter angenommene) Sphinx "aus dem Rahmen" fällt, bzw. "im Wege liegt". Die Sphinx bildete dann ursprünglich mit den ebenfalls aus dem Fels geschlagenen Vorläuferpyramiden und Vorläufertempeln eine harmonische Einheit. Bei der Rekonstruktion des Areals erhielt die Sphinx keinen neuen Platz, aber eine "Überarbeitung", um der neuen Deutung zu entsprechen: So wurde etwa das Löwen- zum Pharaonenhaupt umgemeißelt, die Sphinx hieß ab sofort der Sphinx, Verwitterungsspuren wurden abgeschlagen, glatte Kalkstein- und Rosengranitplatten-Verkleidungen wurden angebracht.

Die älteren Bauwerke waren anders ausgerichtet, sei es wegen der natürlich zu nutzenden Felsformationen, sei es wegen ursprünglich anderer "Himmelsorientierungen". Im steilen Gang zur Grabkammer der Cheops-Pyramide kann man sich zwanglos vorstellen, auf einer kleinen Vorläuferpyramide bis zum Sarkophag des Pharaos aufzusteigen, der auf der Spitze einer alten Pyramide thront. Ein anderer Schacht führt hinab in den anstehenden Fels. Nicht ohne Grund gibt es kaum Überlieferungen, wie die Pyramiden erbaut wurden: Alte Quellen wurden wohl sorgfältig getilgt, da niemand wissen sollte, dass frühere Errungenschaften verwertet wurden. Auch hat niemand den Bau der Pyramiden in späterer Zeit in dieser Größe wiederholen können: Die Vorleistungen in Form von weiteren Felsstümpfen in der bevorzugten Gegend fehlten.

Damit hätte man einen Erklärungsansatz, warum gerade am Rosette-Mündungsarm des Nils in Sais die schriftliche Überlieferung von Atlantis gefunden wurde. Ist es abwegig zu vermuten, dass die Atlanter ein ähnliches Siedlungsgebiet aufsuchten und neu gestalteten, wie sie es kannten: Nildelta statt Dnjepr- und Donaudelta, diesmal aber direkt am Weltmeer, um nicht wieder Gefahr zu laufen, schlagartig unter Wasser gesetzt zu werden?

Wir möchten darauf hinweisen, dass das schlagartige Auftauchen der Kultur im Visier der Archäologen erst um 3.000 vor Christus kein auf Ägypten beschränktes Phänomen ist. So ist bekannt, dass die Insel Kreta seit 5.500 vor Christus relativ dicht besiedelt war. Größere Ansiedlungen aus dieser Zeit wurden jedoch bis heute nicht gefunden. Wenn diese Siedlungen küstennah waren, liegen sie heute auch unter der Wasseroberfläche - man denke an die Schleifspuren, die auf der Insel Malta bis tief ins Meer führen und die in grauer Vorzeit dem Landtransport von Schiffen auf Schlitten gedient haben mögen.

Gleiches gilt für Anatolien. Bekanntermaßen stagnierte in der Zeit von 5.500 bis 3.000 vor Christus die Entwicklung. Primär spielte sich das westanatolische Leben an der Küste ab, so dass die am höchsten entwickelten Städte versunken sind. Ganz wichtig ist dieser Aspekt auch für die Lokalisierung des Krieges zwischen Atlantis und Griechenland. Nach unserer Auffassung bezieht sich der atlantisch-griechische Krieg auf eine Auseinandersetzung zwischen dem im nordwestlichen Schwarzmeer ansässigen Volk der Atlanter und dem in Westanatolien ansässigen Volk der Griechen-Vorläufer. Größere Städte sind in Westanatolien für die Zeit neben dem befestigten Hacilar noch nicht gefunden worden. Diese könnten aber im Meer versunken oder unter Sedimenten begraben sein.

Was uns zu denken gibt, ist der hohe Detaillierungsgrad der Atlantis-sage mit der Beschreibung von Sachverhalten, deren Hintergründe nicht einmal der ägyptische Priester - geschweige denn der griechische Staatsmann SOLON - hätte wissen können. Wenn man die Richtigkeit der Atlantissage in ihren Kernelementen als gegeben nimmt, muss man auch die Schlussfolgerung ziehen, dass die wesentlichen Elemente der Atlantissage bereits relativ früh nach 5.500 vor Christus schriftlich fixiert wurden. Somit würde das Auffinden der Hauptstadt Atlantis im nordwestlichen Schwarzmeer die bisherigen Erkenntnisse auch der Ägyptologie jedenfalls mit einigen Fragezeichen versehen.

GÖTTERDÄMMERUNG

Allgemeines

Der Mensch der Altsteinzeit war mehr passiver Beobachter seiner Umgebung als aktiver Gestalter. Sein Leben war geprägt durch eine latente Angst vor der Umwelt, die sich vor allem in gefährlichen Tieren und Naturgewalten verkörperte – aber auch in eingebildeten Geistern und Furcht erregenden Göttern. Auch wenn sich der Glaube dieser Menschen nicht im Detail rekonstruieren lässt, kann man doch feststellen, dass zeremonielle Bestattungen bereits vor 60.000 Jahren von den Neandertalern durchgeführt wurden. Höhlenmalereien lassen auf schamanistische Zeremonien schließen. Möglicherweise gab es auch bereits einen einfachen "Schöpfungs-" oder "Mutter-Fruchtbarkeits-"Kult. Darauf könnten die gefundenen "üppigen" Venusfiguren hindeuten, die auch bereits für diese Zeit nachgewiesen sind.

Auf diese Zeit folgt die "paradiesische" frühneolithische Periode (Paradies = altpersisch Garten). Der Mensch lernt, als Schöpfer in seine Umwelt einzugreifen. Die Herrschaft über Tier- und Pflanzenwelt durch Domestizierung ermöglicht bei geringer Bevölkerungsdichte, unbeschädigten natürlichen Ressourcen, stärkeren Niederschlägen und sich durch den Rückzug der Eiszeit vergrößernden Siedlungsflächen eine relativ gute Ernährung. Diese Zeit ist durch den Fruchtbarkeitskult der "Mutter Erde" bzw. der "Großen Mutter" geprägt. Ergänzt wird dieser Kult insbesondere in Vorderasien und Europa durch einen Stierkult, wobei man annimmt, dass dieser eine Begleiterscheinung oder Konkretisierung des Fruchtbarkeitskultes ist. Der dominierende Fruchtbarkeitskult wird durch die Anbetung von Tieren (Leoparden, Geier und andere) ergänzt, was letztlich wohl als Fortsetzung der schamanistischen Tradition der Jäger und Sammler zu sehen ist, wie sie heute noch bei sibirischen Stämmen und Naturvölkern anzutreffen ist.

Im keramischen Neolithikum ab dem 6. Jahrtausend vor Christus - spätestens mit Entstehen der ersten Hochkulturen - wird der Götterhimmel komplexer. An die Stelle von Naturgottheiten treten teils menschliche, teils vermenschlichte Götter, die in "familiären" Beziehungen zueinander stehen. Der ägyptische, der griechische und der römische Götterhimmel, die am Ende dieser Entwicklung stehen, verdeutlichen dies. Die Römer unterhielten vorsichtshalber sogar Altäre für vergessene oder übersehene Gottheiten. Damit im Zusammenhang steht ein zweiter Aspekt, nämlich der des strafenden Gottes, der durch Opfer und wohlfeiles Verhalten gnädig gestimmt werden muss.

Funktion	Babylonisch	Ägyptisch	Griechisch
Fruchtbarkeit	Innana (Ischtar)	Isis, Hathor	Demeter (Gaia)
Unterwelt	Ereschkigal	Osiris	Hades (Tartaros)
Meer/Fluss	Enki (Ea)	Hapi (Flussgott), Sobek (Krokodil)	Poseidon (Pontos, Okeanos)
Himmel	An (Anu)	Nut	Uranos
Erde	Enlil	Geb	Gaia
Schöpfung	Tiamat	Ptah, Aton	Gaia
Krieg und Künste	Ninurta	Neith	Athene
Oberster Gott	Enlil/El	(Amun-)Re, (Ammon-) Ra	Zeus (Uranos, Kronos)

Übereinstimmungen im Götterhimmel

Man kann durchweg feststellen, dass spätestens ab dieser Zeit die Herrscher ihren Machtanspruch über die Religion festigten. Die Religion wurde zu einem hierarchischen Legitimationsinstrument. Der jeweilige ägyptische Pharao galt als Sohn des Sonnengottes Amun-Re (zum Beispiel Ramses - ägypt. Ramesse - bedeutet: "Re hat ihn geboren"). Die babylonische Königsdynastie wurde von An begründet; der legendäre König Gilgamesch ließ sich als Gott verehren. Die herrschenden Schichten der Griechen unterhielten über Orakel rege Kontakte zur Götterwelt. Der römische Kaiser ließ sich als divinus (göttlich) und augustus (erhaben) verehren und auch der erste „Papst" Petrus wurde von Jesus Christus angeblich persönlich eingesetzt mit den Worten: "Du bist Petrus, der Fels, auf diesem Felsen will ich meine Kirche bauen". Religionen dienten der Machtergreifung, der Machterhaltung und der Machtausübung - entweder in einer Person oder zusammen mit einem "Hohenpriester". Eine angstfreie Religion ohne Machtausübung lässt sich kaum ausmachen.

Die eifernden und Angst verbreitenden Götter kamen daher gelegen. Ein klassisches Element des strafenden Gottes in den oben genannten Religionen ist die Sintflut. Hinzu tritt auch das Element der Hybris: Die Menschen waren den Göttern mit ihrem mittel- und jungstein-zeitlichen Schöpfungsdrang zu nahe gekommen. Damit wird in vielen Mythen die Sintflut begründet. In der Bibel findet sich dieser Hinweis auch im "Turmbau zu Babel" und in der "Vertreibung aus dem

Paradies". Diese Elemente - Übertretung imaginärer Grenzen durch Menschen sowie strafende Götter - halfen, die Menschen gefügig zu machen. Gleichzeitig erlaubten diese Strukturen aber auch erst das Entstehen und die Führung von Gemeinschaften, die über Clans oder Sippen hinausgingen. Religionen dienen der Sinnstiftung und Identifikation. Sie sind Grundlage der Staatenbildung und der frühen Hochkulturen. Ein ähnlicher Aufbau, in dem sich die Könige auf Götter beriefen und sich als Halbgötter verehren ließen, ist auch für Atlantis überliefert. Somit ist das versunkene Atlantis wohl auch der Prototyp dieser allgegenwärtigen *Hierarchie* - der heiligen Herrschaft.

Götterhimmel in grauer Vorzeit

Griechische Mythologie: Das strahlende Volk der Hellenen

Genealogie bis zur Flut

Wie die bewegte Geschichte Griechenlands zeigt, haben verschiedenste Volksgruppen auf die Entwicklung der Mythologie Einfluss gehabt. Aufgrund der Offenheit der griechischen Religion und Mythologie wurde diese ständig um neue Erkenntnisse und Erfahrungen bereichert, so dass sie ein Querschnitt durch alle Kulturgruppen von Westeuropa bis nach Anatolien wurde. Vorausgeschickt sei an dieser Stelle noch, dass die strukturelle Grundlage für die modernere griechische Mythologie mit dem Einfall der osteuropäischen Fremdvölker um 1.950 vor Christus entstanden ist. Hier tritt Zeus als Göttervater in Erscheinung.

Ausgangspunkt der griechischen Mythologie ist das Chaos. Daraus entwickelt sich Gaia, die mit der Mutter Erde (vergleichbar der Großen Mutter) nahezu aller steinzeitlichen Religionen identisch ist. Aus Gaia entwickelt sich eine erste Generation von Göttern und ihren Abkömmlingen. Neben der Erdgöttin Gaia existieren in dieser ersten Generation Tartaros, der Gott der Unterwelt, Uranos, der Gott des Himmels, und Pontos, der Gott des Meeres.

Nach der griechischen Mythologie ist Pontos das zentrale Meer, das in der Unterwelt gründet. In der Vorstellung der Griechen entspringt alles Wasser seinem starken Strom. Pontos ist Vater aller Flüsse und Quellen. Im Rahmen eines ewigen Kreislaufs wird das Wasser in einem die Erde umschließenden Randmeer gesammelt und durch den Pontos zurückgeführt. Dem Pontos kommt also die zentrale Funktion des "Herzens" im Gesamtkreislauf der „Mutter Erde" zu. Von außerordentlicher Bedeutung ist unseres Erachtens folgendes: Pontos ist der griechische Begriff für „Meer". Die genaue Bezeichnung des Meeres erfolgt durch Hinzusetzung eines Adjektivs, so wurde das Schwarze Meer von den Griechen „Pontos Euxeinos" genannt – gastliches Meer.

Pontos ohne Attribute bezeichnet jedoch einstmals nur das Schwarze Meer. Dies verwundert, da die griechische Welt, wie wir sie kennen, heute zum Mittelmeer hin orientiert ist. Für die osteuropäischen Fremdvölker und ursprünglich auch für die Griechen war jedoch das Schwarze Meer viel bedeutender und gleichzeitig Mittelpunkt ihrer geographischen Orientierung und damit der Erde an sich. Das Marmarameer wurde dementsprechend „Propontis" - Vormeer - genannt und zwar im Hinblick auf das Schwarze, nicht das Mittelmeer! Diese Sichtweise der Welt mit einem "Pontos" in ihrer Mitte teilten im Übrigen auch andere frühe Hochkulturen wie zum Beispiel Ägypter und die Inder. Bei den Indern stand - analog zu der griechischen Handhabung - der Begriff Meru sowohl für das Meer allgemein, als auch speziell für das Schwarze Meer. Wir haben hier einen typisch indoeuropäischen Wortstamm, der sich auch im lateinischem „Mare", im deutschen „Meer" oder im russischen „More" findet: Meer bedeutet im ursprünglichen Sinne – „das Schwarze Meer"!

Auf die erste Generation von Göttern folgt die Generation der Titanen. Oberster Titan ist Kronos, der nach der Ermordung seines Vaters Uranos die Macht an sich gerissen hat. Pontos wird von Okeanos abgelöst, der aber im Wesentlichen die Funktionen von Pontos übernimmt. Aus den Blutstropfen des Uranos entstehen bei seiner Ermordung die Giganten – diese sind nicht mit den Titanen identisch.

Die dritte Generation von Göttern entsteht dadurch, dass Zeus, ein Sohn des Kronos, diesen in die Unterwelt, den Tartaros, verstößt. An die Stelle des Okeanos tritt nun Poseidon, der im Rahmen der Verbindung der osteuropäischen Eroberer mit der Urbevölkerung Griechenlands auch die Funktion des osteuropäischen Totengottes übernimmt und zusammen mit Gaia ein Paar von Unterweltgöttern bildet (Meer und Land bzw. zwei Hauptelemente des Altertums: Wasser und Erde). Wenn man die Vermischung von Meeres- und Totengott mit den geschichtlichen Fakten kreuzt, wonach die neuen Ansiedlungen nach der Zerstörung durch die osteuropäischen Eroberer auffällig weiter im Landesinneren erbaut wurden, stellt sich die Frage, ob hier noch eine latente Angst vor der Flut durchschimmert.

Nach seiner Verbannung in die Unterwelt wird Kronos von Zeus begnadigt und lässt sich in Elysion nieder. Dieser Ort wird als

- paradiesähnlich,
- ganz im Westen (siehe dazu weiter unten),
- Inseln am Rande des Okeanos (nach unserer Lesart des Schwarzen Meeres) und
- umflossen von dem Fluss des Vergessens (Lethe)

beschrieben. Diese Darstellung erinnert sehr an die sagenhafte Schilderung der Insel Atlantis.

Auf Betreiben der Urgöttin Gaia begehren die alten Götter (Titanen) und ihre Abkömmlinge gegen die neuen (olympischen) Götter auf (Titanomachie). Diesen Kampf gewinnen die olympischen Götter. In der Folge wird zur Strafe Prometheus (Hüter des dritten Hauptelements Feuer) "ganz im Osten" an den Kaukasus gefesselt. Täglich kommt ein Adler vorbei und hackt ihm die Leber aus dem Leib. Atlas, der sich ebenfalls gegen Zeus aufgelehnt hat, wird dazu verurteilt, in der Nähe des Gartens der Hesperiden "ganz im Westen" das Himmelsgewölbe (Luft ist das vierte Hauptelement) zu tragen.

Die Hesperiden waren Nymphen, die im äußersten Westen im Göttergarten jenseits des Okeanos mit dem Drachen Ladon den Baum mit den goldenen Äpfeln, das Hochzeitsgeschenk der Gaia an Hera, hüteten. Die Hesperiden galten als „Töchter der Nacht" (des Sonnenuntergangs), die am Okeanos und Atlas wohnten, für uns also - wie noch näher begründet wird - westlich vom Schwarzen Meer in den Karpaten (Siebenbürgen). Sie waren je nach Überlieferung Töchter oder Nichten des Atlas.

Entscheidend für die Lokalisierung von Atlantis ist die Frage, was mit "ganz im Westen" gemeint ist. Fest steht jedenfalls, dass das Atlasgebirge in Nordwestafrika sowie der Atlantik, die beide nach Atlas benannt sind, ihre Namen erst später durch falsche Interpretation erhalten haben. Aus unserer Sicht scheidet die Gegend von Gibraltar schon deshalb aus, weil diese Region zur Zeit der Entstehung der Mythen keine Rolle gespielt hat, da sie nicht zum Kulturkreis der Osteuropäer und der Anatolen gehörte. Wenn man nun davon ausgeht, dass Prometheus ganz im Osten am Kaukasus angekettet war und der Pontos den Mittelpunkt der Erde, das Herz von Gaia, bildet, dann ist Atlas als Himmelsträger eindeutig in der westlichen Pontosregion angesiedelt!

Ein von PLATO unabhängiger Hinweis auf Atlantis stammt von dem ersten griechischen Geschichtsschreiber HERODOT (490-425 vor Christus). Dieser bereiste Ägypten, den Nahen Osten, Italien und den Raum im nördlichen Schwarzmeer, nicht jedoch die Gegend von Gibraltar! HERODOT schreibt über ein *Salzgebiet*, das an ein Gebirge mit Namen Atlas grenze. Dieses Salzgebiet ist unseres Erachtens das von den Transsylvanischen Alpen eingeschlossene Salzseengebiet in Rumänien, das heute noch Kurzentrum (Salzburg = Ocna Sibiului) ist. Damit sind die Karpaten, die Siebenbürgen kreisförmig umschließen, als Atlasgebirge identifiziert. Die Karpaten waren als „Berge im Norden" mit ihren „reichen Ortschaften" wichtigster Rohstofflieferant der Atlanter (Obsidian, Holz, Salz, Wildtiere, Gold, Silber, Kupfer), so wie sehr viel später auch für das Römische Reich.

Das *Gebirge mit Namen "Atlas"* beschreibt HERODOT wie folgt: *"Es ist schmal und ganz kreisförmig und soll so hoch sein, dass man seine Gipfel gar nicht sehen kann. Niemals weichen die Wolken von ihnen, weder im Sommer noch im Winter. Die Einheimischen sagen, dieses Gebirge sei die Säule des Himmels. Nach dem Gebirge werden auch die Menschen benannt: Sie heißen nämlich Atlanten ..."*

Bisher wurde basierend auf dieser Beschreibung die Himmelssäule gesucht, die bei den Ägyptern als Nordstele und bei den Griechen als Stele Boreios (Boreas ist der kalte Nordwind) überliefert ist - beides Hinweise darauf, dass diese Landmarke sehr weit nördlich von Ägypten und Griechenland zu suchen ist und nicht, wie die späteren römischen Schreiber es taten, im Nordwesten Afrikas! Sucht man diese kreisartige Struktur im Westen des Schwarzen Meeres, wird man sofort fündig und ist über die Präzision der Beschreibung erstaunt. Transsylvanien (= Siebenbürgen) *ist, genau der Beschreibung entsprechend, fast ideal kreisförmig von einem schmalen Gebirge umgeben, das mit einer Höhe von bis über 2.500 Metern doch beachtlich hoch ist. Somit bilden die West- Ost- und Südkarpaten das "klassische Atlasgebirge" und nicht das Atlasgebirge in Marokko!* So ist es auch kein Wunder, dass einige von der "Kreisanlage" Atlantis vertriebene Flüchtlinge in diesem Hochland-Rund hoch über dem Meer ein besonderes Refugium sahen, das ihnen mit dem Schwarzerdeboden als besonders fruchtbar bekannt war.

Ein wichtiges Kapitel aus der griechischen Mythologie ist die Gigantomachie, der Kampf mit den Giganten. Die Giganten begannen einen Krieg gegen die olympischen Götter und versuchten, den Olymp zu stürmen. Im Rahmen dieser Auseinandersetzung griff auch Herakles (lat. Herkules) entscheidend in den Kampf ein. Beendet wurde der Krieg durch das Auftreten von Silenos, dessen Name wörtlich übersetzt "stumpfnasig" bedeutet. In der mythologischen Darstellung ist er ein Mischwesen aus Mensch und Pferd. Er erscheint mit seinem Esel in der Auseinandersetzung. Dieser erschrickt beim Anblick der Giganten so sehr, dass er einen lauten Angstschrei ausstößt. Die Giganten vermuten ihrerseits hinter diesem Schreien ein fürchterliches Ungeheuer und treten die Flucht an. Damit ist der Kampf entschieden. Nach einer anderen Darstellung soll Triton die Giganten erschreckt haben, indem er auf einer Muschel blies.

Der schreckliche Schrei des Esels wird häufig mit einem Vulkanausbruch in Verbindung gebracht. Neben Vulkanen werden allerdings auch Erdbeben von Schallerscheinungen begleitet, von so genannten Brontidi, d.h. "Donnerchen". Wenn die Gigantomachie ein atlantisch-griechischer Krieg war, wäre der Schrei des Esels auch als ein Bild des Bosporus-Durchbruchs denkbar, der ähnlich geräuschvoll war und nach der Atlantis-Überlieferung den atlantisch-griechischen Krieg abschloss. Das Donnern dieses gigantischen Wasserfalls muss weithin hörbar gewesen sein - wie das anhaltende Brüllen eines Ungeheuers. Die Niagara-Fälle, die im Vergleich zum Bosporus-Durchbruch klein sind, haben ganz richtig ihren Namen "Donnerndes Wasser" von den Indianern erhalten. Der Bruch am Bosporus hätte nach dieser Lesart die Atlanter in die Flucht geschlagen.

Möglicherweise findet sich in diesem Abschnitt der griechischen Mythologie das Gegenstück zum Krieg zwischen Griechen und Atlantern in der Atlantissage. Dies bedeutet allerdings, dass es sich im Gegensatz zur Überlieferung bis zum Titanenkampf um ein Versatzstück aus dem anatolisch-griechischen Raum handelt. Was jedenfalls die Theorie einer Entsprechung der Kriegsgeschichten unterstützt, ist der weitere Fortgang der Sage. Aus den Blutstropfen der geschlagenen Giganten entwickelt sich ein besonders grimmiges Menschengeschlecht. Damit könnte der zunehmende Verfall der Sitten gemeint sein, der seine Entsprechung auch in der Atlantissage findet. Als Folge der Vergehen dieses Menschengeschlechts ruft Zeus die Götter zum Strafgericht zusammen. Damit endet die Atlantissage.

Die Atlantissage von PLATO bricht an dieser Stelle ab. Unseres Erachtens hätten sich ab diesem Punkt erhebliche Übereinstimmungen mit der griechischen Mythologie ergeben, so dass PLATO möglicherweise erkannte, dass die Atlantissage ihre Entsprechung in der Deukalischen Flut hatte. Damit war sie keine Neuigkeit, sondern nur noch eine Erweiterung bzw. Konkretisierung eines bekannten Sachverhaltes. An dieser Stelle lässt sich der in der Überlieferung zerrissene Zusammenhang von Atlantis und Flut zwanglos und logisch wiederherstellen. Der Fortgang der Atlantissage lässt sich vermuten, wenn man die Aussagen in der griechischen Mythologie weiterführt, die übrigens Ähnlichkeiten nicht nur zur Atlantissage, sondern wenigstens noch zum babylonischen Gilgamesch-Epos und zum Alten Testament aufweisen:

Der im Osten an den Kaukasus gefesselte Titan Prometheus erfährt von der durch die Götter geplanten Flut. Daraufhin warnt er seinen Sohn Deukalion und rät ihm, ein Schiff zu bauen. Deukalion gehorcht und entgeht mit seiner Frau Pyrrha der todbringenden Katastrophe. Das Schiff landet auf einem Berg (Parnassos) in Zentralgriechenland.

Nach dem Sohn Hellen des Deukalion und der Pyrrha sind alle Hellenen benannt. Die Hellenen sind in der biblischen Überlieferung Jafetiten, da der Titan Iapetos Großvater beider Überlebender war. Bei Deukalion handelt es sich um eine Lautverschiebung von „Leukalion", „der Weiße", Pyrrha bedeutet „die Rote". Weiß, rot und schwarz waren nach der Sage die für die atlantische Architektur typischen Farben.

Als Randnotiz möchten wir noch vermerken, dass auch Philemon und Baucis eine Flut überlebten, indem sie sich auf Anraten von Zeus auf einen Hügel flüchteten. Dies geschah in Phrygien, einer Provinz in Zentralanatolien an der südlichen Schwarzmeerküste, wie der römische Dichter OVID in seinen Metamorphosen berichtet.

Das Labyrinth des Minotauros

Ein weiteres Strukturmerkmal in der Vorstellungswelt Anatoliens und Griechenlands ist das *Labyrinth*. Man nimmt jedenfalls an, dass dieses von dort stammt und sich über Ägypten, Troja, Griechenland und Rom weiter über die damals bekannte Welt verbreitete. Die dazu überlieferte Sage bezieht sich auf den legendären König Minos auf Kreta. Dieser hatte einen dem Meer entstiegenen Stier nicht dem Gott Poseidon geopfert, sondern für sich behalten und ein minderwertiges Tier geopfert. Poseidon bemerkte dies mit Argwohn und sorgte dafür, dass die Frau des Minos den Minotauros - ein "Ungeheuer" halb Mensch, halb Stier - gebar. Der König Minos ließ den Minotauros in ein Labyrinth sperren, aus dem es kein Entkommen gab. Die Mykener vom griechischen Festland mussten in regelmäßigen Abständen Jünglinge als Tribut zur Verfügung stellen, die dem Minotauros "zum Fraß" vorgeworfen wurden, was immer das bei einem Pflanzenfresser und Wiederkäuer bedeuten mag.

Das Bild des Labyrinths ist älter als diese Sage. Hierfür muss man sich in Erinnerung rufen, dass Griechenland und Atlantis gegen Ende hin in einem Konflikt miteinander lagen. Unseres Erachtens gibt es deutliche Parallelen zwischen der Minotauros- (Labyrinth-) Sage und der Atlantissage, so dass wir vermuten, dass ein Übertrag eines alten Mythos auf einen neueren Sachverhalt stattgefunden hat. Zunächst einmal ist die konzentrische kreisartige Struktur zu nennen, die an den Aufbau von Atlantis erinnert. Ursprünglich war Atlantis angeblich eine Insel, die von Kanälen und Erdgürteln umschlossen war. Später wurden Brücken und Durchbrüche hinzugefügt. Es ist nicht überliefert, wo diese baulichen Veränderungen vorgenommen wurden. Insgesamt könnte sich eine labyrinthartige Struktur ergeben haben, die aus der räumlichen und zeitlichen Entfernung heraus idealisiert wurde.

Der Grundriss des Labyrinths kann das Schema der Bewässerungskultur von Atlantis sein. Die äußeren Öffnungen sind dann die Zuflüsse und Abflüsse der Ströme, während Zweigkanäle mit Schleusen der Wasserspeicherung und kontrollierten Wasserabgabe dienten. Das Zentrum - die Insel auf einer Anhöhe - wurde so rundum von fließendem und stehendem Wasser (Kanälen) umschlossen. Bei dem in der Atlantissage überlieferten Gefälle der Gesamtfläche hätte ein durchgehender Kanal ein echtes hydraulisches Problem dargestellt, aber Zuflüsse von verschiedenen Seiten sowie separate Stichkanäle hätten insgesamt auch ein Kanalsystem rundherum ergeben – in Form eines Labyrinths.

Es wäre jedenfalls nichts Ungewöhnliches, wenn Besucher, die den Regierungssitz oder das Hauptheiligtum anstrebten, zu Wasser wie zu Lande einige Umwege nehmen und wesentliche Teile der Stadt begehen oder befahren mussten, die für ihre Zeit sicherlich eine verwirrende Größe hatte. Somit ergäbe sich von außen der Anschein eines Labyrinths, dessen wesentliches Kennzeichen es ist, dass der Weg ins Zentrum nicht der direkte ist. Wer das mittelalterliche Pilgerzentrum Mont Saint Michel aufsucht, bekommt einen Eindruck von diesem Insel-Labyrinth-Berg Effekt, der sich dem Atlantisbesucher ebenso tief eingeprägt haben mag.

Ein weiteres wesentliches Kennzeichen der Labyrinth-Überlieferung ist der legendäre Minotauros. Er ist halb Mensch und halb Stier. Im

Zentrum von Atlantis gab es nach der Überlieferung heilige Stiere, die auch Gegenstand eines Opferritus waren. Der Minotauros könnte ein Sinnbild für den Verfall der Sitten sein, der in allen Mythen überliefert ist: In babylonischer, biblischer und atlantischer Mythologie ist ein wesentliches Kernbild des Verfalls, dass sich die herrschende Kaste, die einen halbgöttlichen Status hat, mit normalen Menschen vermischt. Die genauen Ausprägungen dieses Verfalls (Machthunger, Habgier, verderbtes Fleisch) sind nicht völlig deckungsgleich, der Tenor ist jedoch derselbe. Selbst in der griechischen Mythologie findet sich dieses Bild vor der Sintflut in Form eines "besonders grimmigen" Menschengeschlechts. So steht der Minotauros denn auch als Vermischung von Stier (= Gott) und Mensch für das Böse und Widernatürliche an sich.

Das Bild eines Sittenverfalls findet sich selbst noch in der minoischen Sage, denn der Grund für die Entstehung des Minotauros war, dass der König nicht den "besten" Stier opferte, sondern die Gottheit betrog (Opferbetrug war die Steuerhinterziehung des Altertums und deshalb mit den höchsten Strafen belegt). Auch das Bild des Tributs deckt sich mit einem atlantischen Bild, da Atlantis nach der Überlieferung aufgrund der Herrschaft viel Reichtum von außen zufloss. Schließlich darf man nicht vergessen, dass dieses Bild im Rahmen eines Krieges entstanden ist; es ist gleichsam eine Art Fremdenhetze, die anschaulich darstellt, wie sich auf der Gegenseite das unbekannte Böse entwickelt hat. Interessant ist der direkte Bezug zu einer Opferung an Poseidon, der Gründervater von Atlantis sein soll und dort mit einem besonderen Hain und Tempel verehrt wurde. Es erscheint uns als eine plausible Annahme, dass sich diese Sage durch die analoge - inhaltlich unveränderte - Übertragung durch die Mykener auf den Gegner Kreta über die Zeit gerettet hat.

Zusammengefasst ergeben sich die folgenden Übereinstimmungen zwischen der Atlantissage und der Überlieferung vom Labyrinth des Minotauros:

- Kreisstruktur und innerer Aufbau
- Umwege bzw. indirekter Zugang zum Zentrum
- Opferung an Poseidon (Gründer von Atlantis)
- Stierkult im Zentrum
- Vermischung Gott/Mensch, Sittenverfall
- Tributpflichtigkeit

Das Labyrinth-Motiv findet sich ebenfalls in Ägypten. Vor der Südseite der Nilschlammziegel-Pyramide von Pharao Amenemhet III in Hawara (bei Faijum) sind heute noch die dürftigen Reste des sagenumwobenen Labyrinths zu besichtigen. Amenemhet III (1.844-1.779 vor Christus) gilt als der letzte große Herrscher der 12. Dynastie. Das als Verehrungstempel akribisch angelegte Labyrinth (305 x 244 Meter) wurde von HERODOT noch begangen und im zweiten Buch seiner "Historien" geschildert: *"Nun sind schon die Pyramiden gewaltiger als jede Beschreibung ..., aber das Labyrinth übertrifft noch die Pyramiden!"* Auch DIODOR, STRABON und PLINIUS schreiben über dieses Bauwerk. STRABON berichtete von seinem Besuch 25 vor Christus, dass ein Fremder ohne Hilfe eines Führers den Weg durch die Gänge und Höfe nicht habe finden können. HERODOT spricht von 1.500 ober- und 1.500 unterirdischen Kammern und Pyramiden von 70 Metern Höhe an jeder der vier Ecken des Labyrinths mit unterirdischen Gängen. Das Labyrinth des Amenemhet III geht auf eine Vorlage des Pharao Djoser in der dritten Dynastie, also auf die Anfänge der ägyptischen Hochkultur, zurück. Welchen zeitlichen Vorlauf mag dieses Labyrinth wiederum in prädynastischer Zeit gehabt haben?

Argonauten, Odyssee & Co

Nach der *Argonautensage* begeben sich Jason und einige Helden der Vorzeit auf die Suche nach dem Goldenen Vlies nach Kolchis im östlichen Schwarzmeer. Diese Sage handelt von der Rückeroberung des Schwarzen Meeres, das vorher als "unwirtliches" Meer (pontos axeinos oder Meer des Todes) einer Vielzahl von Schiffen zum Verhängnis geworden war und lange Zeit als nicht schiffbar galt. In Kolchis raubt Jason mit tatkräftiger Hilfe der Tochter des dortigen Königs das Goldene Vlies. Dieses befindet sich an einem Baum, der von einem Drachen bewacht wird.

Wie kam das Goldene Vlies nach Kolchis so weit im Osten an die Kaukasusküste des Schwarzen Meeres? Phrixos, der Sohn des Athamas und der Nephele, floh, als er infolge der Ränke seiner Stief-mutter Ino geopfert werden sollte, mit seiner Schwester Helle auf einem Widder mit einem goldenen Fell. Helle stürzte an einer Stelle ins Meer, die seitdem nach ihr Hellespont (= Dardanellen), Meer der Helle, genannt wird. Phrixos gelang die Flucht bis Kolchis zu Aietes. Der Widder wurde Zeus geopfert, sein Vlies im Hain des Ares verwahrt. Für die Griechen war das Land Aia (des Aietes) das Sonnen-aufgangsland im Osten. Die Sage der Argonauten gibt sicherlich Kolonisationsfahrten wieder; sie wurde erst später in der Zeit des

Hellenismus aufgezeichnet und ist der beste Beleg dafür, dass in ältesten Zeiten das Schwarze Meer (und nicht das Mittelmeer) das Zentrum von Handel und Schifffahrt war. Das Hin und Her mit dem Goldenen Vlies (= Schafsfell) und den goldenen Äpfeln (= Schafherden wie wir gleich klären werden) der Hesperiden mag der Reflex der Überlieferung auf die jeweiligen Schwerpunktverlagerungen der Handelszentren rund um den Pontos sein. Die Idee vom Goldenen Vlies kann auch dadurch entstanden sein, dass nach uralter Tradition Schafsfelle zum Auffangen von Nuggets bei der Goldwäsche Verwendung finden.

Ein Hinweis auf Atlantis außerhalb der Überlieferung von PLATO findet sich ausgerechnet bei den Argonauten (APOLLONIUS VON RHODOS):

"... sie peitschten aus allen Kräften die Fluten; abends gingen sie ans Land in der Insel der Atlantiden. Orpheus bat sie mit Eifer, sie sollten die Weih' in dem Eiland nicht verschmähen, die Geheimnisse nicht, die Rechte, die Sitten, die heiligen Werke. Sie würden dadurch der Liebe des Himmels in der gefährlichen See sich versichern. Jedoch von den Dingen mehr zu sagen, erkühne ich mich nicht."

Unseres Erachtens zeigt hier nicht nur alles auf das Schwarze Meer, sondern auch auf das nach der Flut vor der Schlangeninsel befindliche *Donaudelta*: Das Elysion war vom Fluss Lethe umflossen und lag nach unserer oben dargestellten Lesart im Westen am Schwarzen Meer; auch Leuke ist in der griechischen Mythologie eine Insel der Seligen. Ihre Lage wird ohnehin bereits in der alten Donaumündung vermutet. Hier reiht sich völlig schlüssig die Insel der Atlanter (Atlantiden = Atlantisflüchtlinge) ein, eine Erinnerung an Atlantis, welches, wie wir weiter unten darstellen, mit dem Paradies (Garten in Eden) identisch ist. Auch der "Noah" der babylonischen Flutsage, Utnapischtim, wurde von Gilgamesch "fern an der Ströme Mündung" auf einer Insel besucht; dorthin hatte er sich zurückgezogen, nachdem ihm ein göttlicher Status zuerkannt worden war. Elysion und Leuke waren ebenfalls vornehmlich Aufenthaltsorte für Titanen und Heroen. Das Paradies war ebenfalls nicht für alle Menschen gedacht, sondern für besondere Menschen (Gottessöhne, Helden der Vorzeit laut biblischer Überlieferung).

Nach HOMER trifft Odysseus auf Kalypso. Diese weise Frau wohnt nach der Übersetzung von SCHADEWALDT *„auf einer umströmten Insel, wo der Nabel des Meeres ist"*. Wir haben bereits festgestellt, dass aus Sicht der Griechen der Nabel des Meeres im Schwarzen Meer liegt. Der Name der Insel ist Ogygia, möglicherweise ein Hinweis auf den biblischen Stamm der Magog, der als Teil der Jafetiten eher nördlich des Schwarzen Meeres ansässig war. Zudem besuchte Odysseus vorher die Kimmerier, ein indoeuropäisches Reitervolk an der nördlichen Küste des Schwarzen Meeres; davor traf Odysseus auf Scylla und Charybdis, die auch den Argonauten – auf dem Weg ins Schwarze Meer! – zu schaffen machten. Nach der Überlieferung führte der Weg auf die Insel über das *„unfruchtbare"* Meer, was ein weiterer deutlicher Hinweis auf das Schwarze Meer ist: Wir haben bereits den biologischen Tod des Meeres nach der Salzwasserflut dargestellt.

Odysseus startet von der der Insel mit der Anweisung, sich an dem Sternbild des kleinen Bären nordöstlich zu orientieren, was er auch tat, *„während er auf die Pleiaden blickte"*. Kalypso ist nach HOMER eine Tochter des Atlas, dem Namensgeber von Atlantis. Die gewählte Richtung macht durchaus Sinn, um ein ständiges Kreuzen zu vermeiden, da in der Region ein stetiger Nordwestwind herrscht. Demnach müsste Odysseus in etwa bei der Dnjepr-Mündung nahe der Krim an Land gekommen sein. Folgerichtig trifft er auch auf das Volk der Phäaken, von denen man weiss, dass sie ein nordisches Volk waren, *„götternah geboren"* wurden und bereits den Argonauten – im Schwarzen Meer – Unterschlupf gewährten.

Die Argonauten trafen in Kleinasien auch auf die *Amazonen*, die zuletzt auf der Insel Lesbos vor Anatolien gelebt haben sollen. Deren Existenz ist vielfach überliefert. So traten sie 1.184 vor Christus auf Seiten Trojas gegen die Griechen an. Um 700 vor Christus belagerten sie Athen, nachdem Theseus, König von Athen, die Königin der Amazonen entführt hatte. Schließlich unterwarf Alexander der Große 333 vor Christus die Amazonen in Kleinasien. Ihre frühere Heimat wird im Norden und Osten des Schwarzen Meeres vermutet. Die Archäologie hat Indizien dafür gefunden, dass eine solche Gesellschaftsform existierte: In Südrussland wurden von Jeannine DAVIS-KIMBALL Frauenskelette gefunden, die mit Waffen begraben wurden und Reit- und Kampfspuren aufwiesen. Frauen wurden mit einer größeren Anzahl an Gegenständen begraben als Männer.

DIODORUS SICULUS (89 vor bis 20 nach Christus) überlieferte in seiner "Bibliotheca Historica" folgendes: "*Die Amazonen lebten auf der Insel Hespera in den tritonischen Sümpfen, die bei einem Erdbeben verschwanden, als die Küstengebiete auseinanderbrachen. Eines Tages zogen sie gegen die Atlantioi, das zivilisierteste Volk des Landstrichs, und unterwarfen sie. Die Atlantioi behaupteten, Uranos sei ihr erster Gott gewesen und hätte die Sesshaftigkeit und die Landwirtschaft eingeführt. Götter wären unter ihnen geboren worden. Nach dem Tod von Uranos sei ein Teil der Landfläche am Okeanos dem Atlas zugeteilt worden, der Stammvater der Atlantioi sei."*

Dies deckt sich weitgehend mit der Atlantissage und unserer Lesart der Geschichte. Allerdings behauptet DIODORUS SICULUS ausdrücklich, seine Amazonen und Atlantioi seien in Nordwestafrika angesiedelt gewesen. Dies ist aber die einzige Überlieferung von Amazonen in Nordwestafrika! In dieser römischen Zeit hat die Fehlinterpretation des "Westens" schon begonnen. Ansonsten gab es Amazonen nur im Schwarzmeerraum. Man muss sich vor Augen führen, dass zu römischer Zeit die Atlantissage bereits als "unwissenschaftlich" angesehen wurde. Deshalb entschärft DIODORUS SICULUS auch an anderen Stellen alle Hinweise auf Atlantis - eine freiwillige Selbstzensur.

Wir glauben, dass hier derselbe Fehler begangen wurde wie bei den Säulen des Herakles: Hespera - Westen wurde im späten Griechenland und in Rom an der Meerenge von Gibraltar gesehen. Mit unserer Lesart unterstreicht DIODORUS SICULUS die Existenz von Atlantis im Schwarzmeerraum durch die Interaktion seiner Atlanter mit den Amazonen, die sich halbwegs lokalisieren lassen. Diese bewegten sich nämlich ursprünglich bei den Skythen - von der Donau bis zum Don.

Wo ist Westen?

Für die Fixierung von Atlantis ist es erforderlich festzustellen, was die Griechen ursprünglich mit *Hespera = Westen* meinten. Nach der antiken römischen und bis heute überlieferten Lesart wäre "der Westen" in der Gegend von Gibraltar zu suchen. Wir meinen jedoch, dass Hespera den Balkan und später auch das heutige Griechenland meint. Hesperos war ein Verwandter (je nach Überlieferung Sohn oder Bruder) des Atlas. Er wurde vom Berg Atlas (wir haben die Karpaten als Atlasgebirge identifiziert) von einem Sturm hinweggenommen. Ihm zu Ehren wurde der Abendstern Hesperos genannt. Hesperos war der Vater der Hesperis. Hesperis und Atlas sind wahrscheinlich die Eltern der Hesperiden, allerdings ist ihre genaue Abkunft sehr strittig. Je nach Überlieferung gibt es drei bis sieben Hesperiden. Diese sind Nymphen, deren Name sich aus dem phönizischen Wort für "schön" ableiten lassen soll. Krete - eine der Hesperiden - soll Namensgeberin der Insel Kreta gewesen sein. Die Hesperiden lebten im Westen der Welt in einem Garten, in dem "goldene Äpfel" gehütet wurden. Diese wurden von dem Drachen Ladon bewacht.

Eine erste Annäherung an die Hesperiden erfährt man, wenn man bedenkt, dass die Argonauten auf ihrer Reise die Hesperiden trafen. Sollten sie auf dem Weg von Athen in das Schwarze Meer über Gibraltar gefahren sein? Nein!

Was hat es nun mit den "Äpfeln der Hesperiden" auf sich? Herakles soll diese in Zusammenarbeit mit Atlas gestohlen haben. Nach einer Überlieferung erschlug Herakles den Drachen Ladon, nach einer anderen Überlieferung holte Atlas die Äpfel und übergab sie Herakles, der zwischenzeitlich den Himmel trug. Äpfel waren zu der Zeit aber noch klein und holzig, fast ungenießbar, und spielten keine bedeutende Rolle. Das griechische Wort für Apfel (melon; in Melone enthalten) bedeutet ursprünglich vor allem Schaf, Ziege oder Kleinvieh (lautmalerisch: määählon, mit dem Buchstaben eta).

Gebräuchlich war auch die Mehrzahl melota, hierbei handelt es sich um Herden. Die Äpfel der Hesperiden waren sicherlich Schafherden, die zu jener Zeit noch eine erhebliche Bedeutung (auch als Zahlungsmittel) hatten. Der Diebstahl beschreibt einen Viehdiebstahl oder einen Raub. Typischerweise werden auch heute noch auf Inseln gerne Schafherden gehalten, die hier frei herumlaufen können, ohne dass die Gefahr eines Verlustes besteht. So hat die Kykladeninsel Melos, die als Obsidianlieferant wichtig war, ihren Namen wahrscheinlich als Schafsinsel erhalten.

Die Äpfel sollen sich in dem Garten der Hesperiden befunden haben. Hierhin gelangte Herakles der Überlieferung nach von Ägypten, wobei er auf dem Wege dorthin den Prometheus befreit haben soll. Danach kam er in ein Land, in dem Atlas die Last des Himmels trug. Dieses soll beim Gebirge Atlas gewesen sein, und zwar im Norden, im Land der Hyperboreer. Nach heutiger Interpretation zog Herakles also von Ägypten über den Kaukasus nach Marokko in den Norden (?) - eine sehr eigenartige und widersprüchliche Reiseroute. Wir bevorzugen eine Variante, in der Herakles von Ägypten über den Kaukasus zu den Karpaten - unserem Atlasgebirge - gelangte. Diese bilden als Randgebirge der hügeligen Hochfläche Siebenbürgens einen fruchtbaren Garten mit Schwarzerdeböden, die sehr viel später von den „Siebenbürgener Sachsen" genutzt werden sollten. Alternativ könnte auch die karpatische Tiefebene (Gegend des heutigen Bukarest) gemeint gewesen sein, die zu Zeiten Atlantis das landwirtschaftliche Zentrum war.

Um den Kreis zu schließen, möchten wir bereits hier den Leser darauf vorbereiten, dass Hesperos aus unserer Sicht mit dem zweiten König von Atlantis in Zusammenhang steht: Eumelos (der, der viele Schafe hat; Schafe = Äpfel der Hesperiden) bzw. Gadeiros (nach der Überlieferung die äußerste, nach unserer Lesart auch die westlichste und größte Provinz von Atlantis) herrschte über die Donau-Tiefebene beim heutigen Bukarest. Die Donau-Tiefebene war zu vorgeschichtlicher Zeit - auch zu der Zeit als SOLON und PLATO die Atlantissage niederschrieben - Siedlungsgebiet der Geten. Das Siedlungsgebiet der Geten (nicht zu verwechseln mit Goten, die später auch dieses Gebiet besiedelten) ist in der Atlantissage mit der gadeirischen Gegend gemeint, nicht Cadiz in Spanien, wie vielfach vermutet.

Wie aber kam es dazu, dass die Töchter des Hesperos später den ägäischen Inseln zugeordnet wurden? Atlantis hatte sich nach der Überlieferung bis nach Tyrrhenien, dem heutigen Griechenland, ausgebreitet. Diese Ausbreitung ging von der Provinz des Hesperos (= Eumelos = Gadeiros = Ostbalkan) aus, so dass sich bis heute die Bezeichnung der Inseln als Hesperiden, also Töchter des Hesperos, erhalten hat. Später wurden auch Italien und Spanien Hesperiden genannt. Hesperien ist der altgriechische Name des Abendlandes. Solange die Kenntnis des Westens nicht über Italien hinausreichte, verstand man darunter Italien, später Spanien (hesperische Halbinsel).

Nach anderer Überlieferung hat Herakles die "Äpfel" nicht gestohlen, sondern von Atlas dafür erhalten, dass er die von dem Tyrannen Bustris entführten Hesperiden (= besetzten Inseln) befreit hatte. Darüber hinaus wurde er von Atlas in die Geheimnisse der Astronomie eingeweiht. Nach DIODORUS SICULUS war Atlas der erste, der das Geheimnis der "Sphäre" (Himmelsgewölbe oder möglicherweise sogar Erdkrümmung) entdeckte; darum sei die Legende entstanden, dass er die Welt auf seinen Schultern trage. Nach anderer Auffassung soll er bzw. das atlantische Gebirge (die Karpaten) das Himmelsgewölbe tragen.

Dies erscheint uns richtig; für die Zeit nach dem Zusammenbruch von Atlantis ist das Auftauchen von Sonnenobservatorien in Europa (spätestens 5.000 vor Christus) und Ägypten (spätestens 4.500 vor Christus) archäologisch gesichert. Daher hat es für uns auch so große Bedeutung, dass auf der Sonnenscheibe von Nebra, die in der Nähe der

Sternwarte von Goseck gefunden wurde, die Atlantiden bzw. Plejaden (weitere sieben Töchter des Atlas) ausdrücklich hervorgehoben sind, die in grauer Vorzeit für die Aussaat und Ernte der ersten Ackerbauern im Süden eine wichtige Rolle spielten.

Wie sich zeigt, spielt Herakles, ein Sohn des Zeus, eine wichtige Rolle: Er gilt als Kraftprotz, aber auch als Schelm der Mythologie. So werden alle seine Schandtaten, insbesondere die Viehdiebstähle und Raubzüge sowie Überfälle zu Streichen umgemünzt ("Äpfel stibitzen", "mit jemandem Pferde stehlen"). Im Zentrum seiner Geschichte stehen zwölf Heldentaten, die insgesamt zu einem Epos zusammengeführt wurden. Dieses ähnelt teilweise dem Gilgamesch-Epos, so dass ein Austausch vermutet wird. Gleichzeitig ist dies ein Indiz dafür, dass die Überlieferung sehr alt ist (Gilgamesch-Epos: ab 2.500 vor Christus überliefert) und einen Bezug zu der Region Kleinasien hat.

Es würde den Rahmen unserer Ausführungen sprengen, die Heldentaten im Einzelnen zu beschreiben. Allen gemein ist unseres Erachtens jedoch, dass sie im Dreieck Ägypten, Kleinasien, Griechenland stattfinden. Lediglich zwei Episoden fallen aus dem Rahmen, und beide haben mit Atlantis bzw. Osteuropa zu tun: Der Diebstahl aus dem Garten der Hesperiden und das Aufstellen der Säulen des Herakles. Zu dem Diebstahl aus dem Garten der Hesperiden haben wir bereits unsere Meinung geäußert und das wollen wir auch jetzt zum Aufstellen der Säulen des Herakles tun.

Nach der später verfälschten Überlieferung soll Herakles von Kreta über Libyen gezogen sein, sich dann wegen der Hitze mit dem Sonnengott angelegt haben, dann seine Säulen bei Gibraltar aufgestellt haben, dann nach Iberien (Spanien) weitergesegelt sein, um dort eine Schlacht zu gewinnen, und dann über die Insel Erythia (Balearen, wo er - in diesem Fall ausdrücklich - Rinderherden stahl), Italien, Illyrien und Thrakien nach Griechenland zurückzukehren.

Dies ist gleich mehrfach widersprüchlich. Zunächst einmal gehörte der Westen des Mittelmeeres zur Zeit der Sagenentstehung gar nicht zum Betrachtungshorizont eines kleinasiatischen oder griechischen Volkes. Der Verweis auf Libyen ist verräterisch: Mit dem Einschub eines Abenteuers sollte der lange Weg bis nach Gibraltar überbrückt werden; Römer und späte Griechen bezeichneten Nordafrika als Libyen, ihre Vorfahren jedoch nur einen schmalen Landstreifen westlich vom Nildelta bei Ägypten. Nachdem Herakles seine Säulen bei Gibraltar aufgestellt hatte, schiffte er sich ein, um von dort nach Spanien weiterzureisen - eigentlich war er aber schon da! Auch der Rückweg wirft Fragen auf: Er soll mit den Rinderherden durch das Mittelmeer geschwommen sein; der Rückweg führt auch nicht über Thrakien (Ostbalkan) und - wenn er tatsächlich geschwommen sein sollte - auch nicht über Illyrien (Dalmatien).

Nach unserer Auffassung zog Herakles zunächst von Kreta über Anatolien an den Bosporus, wo er seine Säulen aufstellte. Dann schiffte er sich gemäß der Überlieferung nach Iberien ein: *Im Altertum sind die Iberer ein nicht indoeuropäisches Volk am Kaukasus*, am Kur-Oberlauf. Dort gewann er eine Schlacht gegen die drei Söhre des Chrysaor (der griechische Name des Flusses Kur ist Kyros). Mit den dort gestohlenen Rinderherden kehrte er über das Festland zurück. Da Chrysaor auch der König von Karien in der Gegend der Mäander-mündung (später Milet) in Anatolien war, ist Herakles aber wahr-scheinlich nicht einmal bis in den Kaukasus gekommen. Er hat schon aus Anatolien die Rinderherden abgetrieben.

Herakles steht auch im Ruf, die Meerenge selbst gegraben zu haben. Dies passt natürlich gar nicht auf Gibraltar, da diese Öffnung von einem Gott sicherlich nicht „gegraben" sondern „gesprengt" oder aus dem Fels „gehauen" worden wäre - Gibraltar ist im Verhältnis zur Breite (14-44 Kilometer) relativ kurz (60 Kilometer) und verjüngt sich zur Mitte hin - eine wahre Meerenge. Der Bosporus präsentiert sich hingegen mit einer Länge von rund 30 Kilometern und einer Breite von 700-3.000 Metern wie ein Kanal - genau die richtige Arbeit für den Heroen Herakles, die auch erklärt, was die Säulen des Herakles sind: Aushub der Grabungsaktion auf beiden Seiten.

Babylonische Mythologie - Gilgamesch-Epos

Ein wesentlicher Bestandteil der babylonischen Mythologie ist das Gilgamesch-Epos. Gilgamesch ist ein sagenhafter König von Uruk (biblisches Erech), der in der Mitte des 3. Jahrtausends vor Christus herrschte und sein Volk tyrannisierte. Er war der Überlieferung nach zu zwei Dritteln Gott und zu einem Drittel Mensch. Ähnlich wie Herakles in Griechenland war er ein Universalheld, der viele Abenteuer zu bestehen hatte. Einige Streiche dieser Halbgötter weisen erhebliche Parallelen auf, so dass diese Mythen nicht unabhängig voneinander sind. Gleiches trifft zu für das Verhältnis zwischen Gilgamesch-Epos und dem Alten Testament. So sind die biblische und die im Gilgamesch-Epos beschriebene Flut teilweise inhaltlich identisch - und zwar auch in Details.

Da das jüdische Volk zeitweise in Babylonien versklavt war, geht man mit Recht davon aus, dass wesentliche Elemente des Alten Testaments aus der babylonischen Mythologie übernommen wurden. Die ersten schriftlichen Aufzeichnungen des Gilgamesch-Epos sind allerdings um mehr als ein Jahrtausend älter als diejenigen der Bibel.

Älteste Hinweise auf diesen Mythos finden sich bereits um 2.500 vor Christus. Das Epos ist inhaltlich weitgehend erhalten, da entsprechende Tontafeln fast vollständig gefunden wurden. Die schriftlichen Überlieferungen stammen aus dem 2. Jahrtausend vor Christus, wobei spätestens ab 1.200 vor Christus eine einheitliche und chronologische Gilgamesch-Sage gepflegt wurde. Die einzelnen Bestandteile dieses Epos existierten vorher als einzelne Sagen. Die Existenz eines einheitlichen Epos bedeutet nicht, dass die Abenteuer von einer Person bestanden wurden - sie wurden lediglich dem Tyrannen und sagenhaften König Gilgamesch zugeschrieben. Folglich müssen die Taten auch nicht in einem zeitlichen Zusammenhang vollbracht worden sein - dieser wurde erst später aufgestellt. Wichtig für unsere Betrachtung sind vor allem die "Bilder", die das Epos zeichnet. Diese seien jetzt kurz zusammengefasst.

Gilgamesch ist ein Tyrann, der sein Volk unterdrückt. Aus diesem Grunde beten die Menschen zu den Göttern um Abhilfe. Diese Abhilfe wird von den Göttern in der Person des Enkidu, eines unbedarften Naturmenschen, vorbereitet. Als Gilgamesch davon erfährt, setzt er ein Tempelmädchen darauf an, das Enkidu von den Tieren der Steppe entfremdet und zu einem "zivilisierten" Menschen macht. Es kommt zu einem Zweikampf mit unentschiedenem Ausgang, in dessen Folge Gilgamesch und Enkidu Freundschaft schließen.

In der Folge planen Gilgamesch und Enkidu, den bösartigen Wächter der "Heiligen Zeder" namens Chumbaba zu töten. Gilgamesch und Enkidu kommen an den Zedernwald und staunen über die Größe der Bäume. Der Wald ist von einem Graben umgeben. Der Wächter Chumbaba - ein Riese - wird von Gilgamesch und Enkidu in gemeinschaftlicher Kraftanstrengung erschlagen. Danach fällen sie die Heilige Zeder und kehren nach Uruk zurück.

Der Libanon war im Altertum das Land der Zedern, die sowohl zum Schiffbau nach Ägypten als auch zum Tempelbau nach Jerusalem gebracht wurden. In dieser Sage spiegelt sich vielleicht den Kampf um den für die Babylonier so wichtigen Rohstoff Holz wider. Der tatsächliche Ort, bezogen auf den Kern der Überlieferung, muss aber nicht im Libanon gewesen sein.

In der Folgezeit weist Gilgamesch die Gunst der Fruchtbarkeitsgöttin Ischtar zurück, da diese ihre bisherigen Liebhaber immer ins Unglück gestürzt hatte. Sie bringt ihren Vater, den Himmelsgott Anu dazu, den wilden Himmelsstier auf Uruk loszulassen, um die Stadt zu verwüsten und Gilgamesch zu töten. Gilgamesch und Enkidu sind jedoch wiederum in der Lage, auch diese Gefahr gemeinschaftlich zu beseitigen und verhöhnen die Göttin Ischtar. Als Strafe für die Tötung des Chumbaba und des Himmelsstiers beschließen die Götter den Tod des Gilgamesch; Enlil, der oberste Gott, entscheidet jedoch, dass Enkidu an dessen Stelle sterben soll. Enkidu stirbt nach langer Krankheit, was Gilgamesch verzweifeln lässt. Die daraus resultierende Angst vor dem eigenen Tod treibt Gilgamesch in sein nächstes Abenteuer.

Er beabsichtigt, den legendären letzten König der Stadt Schurrupak - Utnapischtim - aufzusuchen, dessen Stadt (wie Atlantis) von einer Sintflut vernichtet wurde. In der Folge erhielten er und seine Frau einen göttlichen Status auf einer Insel "fern an der Ströme Mündung". Dieser König kennt angeblich einen Weg, das Leben zu verlängern. Auf seinem Weg muss Gilgamesch den von Skorpionmenschen bewachten Berg Maschu durchqueren. Auch eine weise Schenkin kann ihn mit ihren Ratschlägen nicht von diesem Abenteuer abhalten. Außerdem muss er das Wasser des Todes queren, wobei er die Hilfe eines Fährmanns in Anspruch nimmt, der mit sonderbaren steinernen Rudern arbeitet.

Utnapischtim erzählt ihm die Geschichte von der Flut, die mit der biblischen Sintflut des Noah auch in Details nahezu identisch ist (Ankündigung, Bau einer Arche, Landung auf einem Berg in Ostanatolien, nachfolgende Reue der Götter). Zusätzlich zum Bibelbericht erfährt man im Gilgamesch-Epos, dass es am Tag des Untergangs "Küchlein" und "Weizen" regnete, begleitet von einem Orkan aus dem Süden. Ist dies ein Hinweis auf den Bosporusdurchbruch, der ja aus der Sicht der Atlanter laut wie ein Orkan im Süden gewütet haben muss, mit Gischtflug, Steinschlag und Vegetationsresten aus der Bosporus-Rinne? Der "Orkan aus dem Süden" mag sich als Ausnahme besonders eingeprägt haben, da in der nordwestlichen Schwarzmeerebene ein konstanter Wind aus Nordwest die Regel ist.

Der König Utnapischtim ist materieller eingestellt als Noah: Er lädt unter anderem Gold und Silber in seine Arche und nimmt die "Meistersöhne" mit. Solches Fluchtgold findet sich auch in Varna an der Schwarzmeerküste in Form von Grabbeigaben. Wichtig erscheint uns eine Passage, wonach die Menschen "wie eine Fischbrut das Meer erfüllten". Das könnte ein weiterer Hinweis auf Atlantis in der Schwarzmeersenke sein, das bisher an einem Süßwassersee lag und nun von salzigen Meerfluten überspült wird.

Um Gilgamesch nicht mit leeren Händen ziehen zu lassen, enthüllt Utnapischtim ihm das Geheimnis vom "Kraut der ewigen Jugend". Dies sei einem Stechdorn ähnlich und verlängere das Leben. Gilgamesch bindet sich Steine an die Füße und taucht hinab zum Urozean Apsu. Leider wird das Kraut in einem Moment der Unachtsamkeit von einer Schlange gefressen, die sich daraufhin verjüngt (die Schlange steht hier wie in der Bibel als Symbol für Falschheit und Hinterlist, Schlangen sind ja keine Pflanzenfresser). So kehrt Gilgamesch mit leeren Händen, aber um einige Erfahrungen reicher, nach Uruk zurück.

Die Beschreibung im Fall der "Heiligen Zeder" erinnert sehr stark an den "Hain des Poseidon" in der Atlantissage. Unseres Erachtens könnte hier ein Hinweis auf einen Krieg gegen Atlantis vor der Flut zu sehen sein; denn wie würde die siegreiche Kraft ihren Sieg auskosten, wenn nicht durch Fällung des Heiligen Baums bzw. durch "Rohstoffplünderung". Bezeichnenderweise wird das "Kraut der ewigen Jugend" aus dem Urozean Apsu geholt, der aus Frischwasser (!) bestand.

Um zu Utnapischtim zu reisen, muss Gilgamesch das "Wasser des Todes" queren. PITMAN/RYAN weisen darauf hin, dass mit den steinernen Rudern die Praxis gemeint sein könnte, mit Steinen gefüllte Körbe in den Bosporus hinabzulassen, um zu navigieren; denn das wegen der vielen Strommündungen weniger salzhaltige und leichtere Oberflächenwasser des Schwarzen Meeres fließt durch den Bosporus in das Marmarameer (348 Kubikkilometer pro Jahr); ab einer Tiefe von 15 Metern hingegen existiert eine Gegenströmung aus schwererem salzhaltigerem Wasser aus dem Marmarameer in das Schwarze Meer (202 Kubikkilometer pro Jahr), die es mit dieser Methode möglich macht, sich entgegen der Oberflächenströmung in das Schwarze Meer ziehen zu lassen. Selbstverständlich ist dies auch für einen Fährmann eine gute Methode, um den Bosporus zu queren, indem nach Bedarf die Oberflächen- oder die Tiefenströmung zur Navigation genutzt wird.

Ein weiterer Aspekt, der für die Querung des Bosporus spricht ist, dass Utnapischtim nach seiner Erhebung in den Stand der Götter auf einer Insel "fern an der Ströme Mündung" wohnen soll. Dies müsste nach babylonischer Lesart eigentlich in Richtung des Persischen Golfs zu suchen sein. Die Tatsache, dass Gilgamesch offensichtlich Richtung Norden gezogen ist, deutet hingegen darauf hin, dass es hier um die Flüsse Donau, Dnjestr, Bug, Dnjepr und Don geht. Sollte dies die Rückkehr in die frühere Heimat der Sumerer andeuten? Das Wasser des Todes wäre nach den obigen Ausführungen die Bosporus-Meerenge.

Wenn die Landung der Arche "fern an der Ströme Mündung" noch jüngst in einer BBC-Ausstrahlung mit Euphrat und Tigris (die im Altertum noch getrennt in den Persischen Golf einmündeten) in Verbindung gebracht wurde und Utnapischtim/Noah nach der Frühlings-Schneeschmelze, die Mesopotamien überflutete, in Bahrain landete, um mit Bier und Vieh zu handeln, dann liegt hier ein großes Missverständnis vor. Es wurde zwar schon richtig erkannt, dass der Berg Nisir/Ararat im Norden vom Zweistromland her mit einer Arche nicht erreicht werden konnte (Höhe des Gebirges, südliche Strömungsrichtung einer Überschwemmung von Euphrat und Tigris). Es wurde aber ignoriert, dass die Sage ausdrücklich von einem Sturm aus Süden spricht. Dieser Sturm ist aus Sicht der Atlanter der Durchbruch des Bosporus im Süd-Süd-Westen, möglicherweise begleitet von einem Vulkanausbruch und/oder einem Erdbeben - oder auch keinem dieser Naturereignisse. Der Lärm und der Aufprall der Wassermassen wirkten für sich schon wie ein nie erlebtes, lange anhaltendes Erdbeben.

Die Atlantissage – schriftliche Überlieferung aus Ägypten

Teile der Atlantissage wurden im 6. Jahrhundert vor Christus von dem Staatsmann SOLON aus Athen in griechischer Sprache aufgeschrieben. Er war bei einem Freundschaftsbesuch der ägyptischen Stadt Sais, einer Nachbarstadt der griechischen Kolonie Naukratis am Rosette-Mündungsarm des Nil, mit dem ägyptischen Priester SONCHIS in Kontakt gekommen, der ihm Informationen aus den ältesten Schriften Ägyptens preisgab.

Mit der Atlantissage informierte der ägyptische Priester SOLON darüber, dass die Griechen vor langer Zeit ein sehr angesehenes Volk waren und einen Krieg gegen die damalige Vormacht Atlantis gewannen, wobei die beschriebene Flut den tragischen Schlusspunkt hinter diese Demütigung setzte. Von SOLON zu PLATO wurde die Sage schriftlich und mündlich aus der Erinnerung überliefert. PLATO fasste die Ergebnisse in zwei Dialogen zusammen, die bis heute erhalten sind. Eingangs wird versichert, dass es sich hierbei um eine Sage mit einem wahren Kern handelt. Statt PLATO konnte auch SOLON einige Ausschmückungen vorgenommen haben, denn auch er kannte schon die Triere und den Streitwagen.

In der Atlantissage wird beschrieben, wie die handelnden Personen und Götter zu ihren Namen kamen. Die ursprünglichen Namen wurden von Ägyptern in ihre Sprache übertragen und so schriftlich festgehalten. Später wurde diese Sage wieder in das Griechische übersetzt, wobei den handelnden Personen solche Namen gegeben wurden, die dem Sinn am nächsten kamen. Auch wenn die Griechen wie üblich behaupten, dass sie Barbaren - also Fremde - beschreiben, spricht nach unseren bisherigen Erkenntnissen einiges dafür, dass es tatsächlich kulturell um ihre eigenen Vorfahren geht. Insofern kann man vermuten, dass die Aussage, die mit dem jeweiligen Namen verbunden wird, der tatsächlichen Bedeutung näher kommt, als man bisher vielleicht vermutet hat.

Gründervater von Atlantis ist der Meergott Poseidon. Atlas, der erste König, ist der Erstgeborene von fünf Zwillingspaaren, die Poseidon mit der Menschenfrau Kleito zeugte. Diese insgesamt zehn Geschwister teilen das Staatsgebiet von Atlantis unter sich auf. Politisch gesehen handelt es sich um eine Oligarchie, bei der die zehn Könige weitgehend gleichberechtigt sind. Der erste König Atlas wie auch sein jeweiliger Nachfahr hat als "primus inter pares" die Oberherrschaft und residiert in der "Hauptstadt" bzw. dem "Zentralheiligtum". Die von Poseidon aufgestellte politische Verfassung ist in einer Säule aus "Bergerz" im Hauptheiligtum schriftlich (!) niedergelegt. Umschichtig alle fünf und sechs Jahre, um den geraden und ungeraden Jahren gerecht zu werden, treffen die Könige sich zu einem eigenartigen Stierkult, bei dem sie ihren Bund erneuern und neue "Fünf- und Sechsjahrespläne" aufstellen. Womöglich handelt es sich hierbei vor allem um den Ausbau der Provinzen, die Planung der Rohstoffimporte und die Abstimmung der Bewässerungsanlagen, die jeweils nach Bezirken den übrigen neun Herrscherfamilien oblagen.

Besonderes Gewicht hatte noch der Zwillingsbruder des Atlas, Eumelos, oder in seiner Landessprache Gadeiros. Wie wir heute wissen, hatte er wohl die landwirtschaftlich stärkste Provinz (karpatische Tiefebene) in seiner Hand, ebenso wie den direkten Zugriff auf die Rohstoffe in Siebenbürgen, die über die Flüsse Alt und Donau in den Wirtschaftskreislauf von Atlantis eingespeist wurden.

Einen echten und auch *auffälligen Bruch zu der griechischen Mythologie* gibt es bei der Abstammung des Atlas. Nach der konservativen griechischen Überlieferung war der Vater nämlich der Titan Iapetos und die Mutter die Klymene (die durchaus auf Basis einer Lautverschiebung mit Kleito identisch sein kann). Dies ist deshalb pikant, weil der Titan Iapetos mit dem biblischen Begriff der "Jafetiten" identisch ist, mit dem die Griechen (als Bewohner der heidnischen Inseln) bezeichnet wurden. Iapetos war Großvater sowohl von Deukalion als auch von Pyrrha, die als einzige die Flut überlebten. Damit war der Titan Iapetos (neben Hellen, dem Sohn der beiden Überlebenden) der kleinste gemeinsame Nenner, auf den die Überlebenden dieser Flut (Griechen) ihre Herkunft reduzieren konnten. Gleichzeitig dürfte es der Titan Iapetos gewesen sein, über den die Atlanter (und damit die späteren südosteuropäischen Griechen) sich von ihren Vorfahren in Anatolien abgrenzten, so dass dieser Begriff südlich des Schwarzen Meeres noch überliefert wurde, während die Griechen selbst ihren Stammbaum nach dem Tabu über Atlantis nur noch auf Hellen, den Vater aller Hellenen, zurückführten.

Besonders auffällig ist, dass zwei Söhne des Iapetos gleichsam das steinzeitliche Siedlungsgebiet der Griechen von der Donau bis zum Don oder von den Karpaten (Atlas) bis zum Kaukasus (Prometheus) abgrenzen würden. Den Griechen wurde hier von den Ägyptern mit der Atlantissage eine Geschichte präsentiert, die südlich des Schwarzen Meeres aufgezeichnet wurde - aus Sicht der Feinde von Atlantis, deren geistige Nachfolger die südosteuropäischen Griechen sind. Hätte man der konservativen Lesart folgend Iapetos als Vater des atlantischen Atlas belassen, wäre klar, dass der Krieg gegen die Atlanter ein Bruderkrieg war, wie er für die zänkischen Griechen ja an der Tagesordnung war. Wir haben oben bereits dargestellt, wie stark die Überschneidungen zwischen Atlantissage und Deukalischer Flut aus der Sicht eines PLATO zum Ende hin gewesen sein müssen. Diesen Bericht hat PLATO nicht vollendet, weil er merkte, dass die Sage eine typische Charakterschwäche der Griechen brandmarkte und ihn weit vom "Idealen Staat" seiner "Politeia" wegführte, statt ein gutes Exempel dafür zu liefern, wie eigentlich beabsichtigt.

Hier merkt man auch, wie zwiespältig die griechische Nation sich darstellt. Der ägyptische Priester SONCHIS adressiert den griechischen Staatsmann SOLON auf Basis der identischen Göttinnen Athene und Neith aus der Sicht einer anatolisch/kretischen Prägung, die gleichsam auf eine Interessensgleichheit in diesem vorzeitlichen Krieg schließen lässt; tatsächlich war die griechische Nation aber zu einer osteuropäisch geprägten Nation mutiert. Die früheren Verbündeten wurden von den früheren Feinden überlagert; die Atlanter haben somit ihren Krieg nach 3.600 Jahren doch noch gewonnen, ohne dass dies zu einer Fußnote in der Geschichte gereicht hätte.

Zunächst wirkte sich in Atlantis die göttliche Natur in den Nachkommen der Könige noch aus. Die atlantischen Könige waren in jeder Hinsicht der Inbegriff der Tugend. Kennzeichen waren nach PLATO die folgenden Eigenschaften "idealer Staatsführung" der Kaste der Herrscher:

- Wehrhaftigkeit
- Großherzigkeit
- Gelassenheit und Einsicht
- Desinteresse an materiellen Dingen
- Nüchterner und scharfer Sinn
- Freundestreue

Nachdem sich die zehn göttlichen Könige und ihre Nachkommen aber zu oft mit den Menschen vermischt hatten, gewann die menschliche Natur die Oberhand. Infolgedessen verkehrten sich die Tugenden in Laster. Die Könige waren insbesondere von Habsucht und Machtgier besessen. Zeus erkannte dies und wollte eine Strafe dafür über die Menschen bringen. Er rief die Götter zusammen… Bevor er seine Worte an die Versammlung richten kann, bricht die Niederschrift von PLATO ab, unter anderem, weil hier wohl nur die alten griechischen Flutsagen zu wiederholen wären.

Die Könige ließen sich als Götter verehren, von denen sie angeblich abstammten. Hiervon zeugten auch lebensgroße Bildsäulen und Bilder, die es im Hauptheiligtum und in der Haupt-Königsburg gab. Solche Statuen sind auch für Jericho während der letzten Besiedlungsphase nachgewiesen, die parallel zum atlantischen Siedlungsraum existierte.

Die Behauptung, dass es solche lebensgroßen Standbilder bereits gab, ist somit für diese Zeit an anderer Stelle archäologisch untermauert.

Ein letzter mythologisch wichtiger Aspekt ist der "Hain des Poseidon" auf der Hauptinsel und über die Erdgürtel hinweg, der sich aufgrund des guten Bodens und der Bewässerung durch die Schönheit, Größe und Vielfalt der dort wachsenden Bäume auszeichnete. Dieser Begriff und die Beschreibung erinnern unwillkürlich an den biblischen "Garten in Eden". In der Tat kann man die für die Insel Atlantis überlieferten Zustände - ohne zu sehr ins Detail zu gehen - als paradiesisch bezeichnen. Alle bekannten Pflanzen, Tiere und Rohstoffe waren reichlich vorhanden oder als Tribute oder Einfuhren verfügbar.

Wir haben bereits dargestellt, dass der Rahmen der Überlieferung richtig ist: SOLON war tatsächlich in Sais und hatte Kontakt zu seinem dortigen Priester-Lehrer SONCHIS auf Basis der gemeinsamen Göttin Athene, die in Sais als Neith verehrt wurde. Es soll nicht unerwähnt bleiben, dass die Priester von Sais traditionell den Auftrag hatten, alle Informationen zu archivieren, die für Ägypten irgendwie von Belang sein konnten. Leider sind die Archive aus Sais wohl ab 288 vor Christus in die Neue Bibliothek der Ptolemäer von Alexandria gewandert und dort mit allen anderen Quellen verbrannt (47 vor Christus die Große, 391 nach Christus die Kleine Alexandrinische Bibliothek).

Allerdings weiß noch MARCELLINUS im 4. Jahrhundert nach Christus - als die Kleine Alexandrinische Bibliothek noch existierte - zu berichten, dass die Gelehrten in Alexandria Atlantis für eine historische Tatsache hielten. Laut PROKLOS soll auch KRATEROS, ein Heerführer ALEXANDERs, 300 Jahre nach SOLON im Neith-Tempel eine Säule gesehen haben, auf der in Hieroglyphen die Geschichte von Atlantis festgehalten war. Leider ist der Grundwasserspiegel in Sais - dem früheren Archiv der Pharaonen - inzwischen so hoch, dass Ausgrabungen kaum noch möglich sind.

Die Bibel - Das Buch Genesis

Die biblische Überlieferung folgt strukturell dem Tenor der oben bereits dargestellten Sagen und Mythen. Allerdings sind in der biblischen Überlieferung die inhaltlichen Angaben und damit der Informationsgehalt fast völlig verloren gegangen, weil die biblische Darstellung zur religiösen Belehrung gedacht war und nicht als

Geschichtsschreibung. Gleichwohl ist von den Strukturen und inhaltlichen Fragmenten unseres Erachtens noch genug erhalten geblieben, um auch die biblische Darstellung in einen übergeordneten Gesamtrahmen einzufügen. Umgekehrt helfen uns sogar die Informationen aus griechischer und babylonischer Mythologie, aus der Atlantis-Saga sowie aus der Archäologie, eine Auslegung (Exegese) der Genesis vorzunehmen, die viele Ungereimtheiten auflöst. Die Genesis selbst ist so fragmentarisch erhalten, dass ein Informationsgewinn daraus gering ist; wir wollen jetzt einen Wissens- und Erfahrungstransfer aus den anderen Bereichen anhand der biblischen Struktur vornehmen, da diese - im Gegensatz zu den vorhergehenden Mythen - den Lesern überwiegend geläufig sein dürfte.

Wo liegt das Paradies?

"Und Gott der Herr pflanzte einen Garten in Eden gegen Osten hin und setzte den Menschen hinein, den er gemacht hat. Und Gott der Herr ließ aufwachsen aus der Erde allerlei Bäume, verlockend anzusehen und gut zu essen, und den Baum des Lebens mitten im Garten und den Baum der Erkenntnis des Guten und Bösen. Und es ging aus von Eden ein Strom, den Garten zu bewässern, und teilte sich von da in vier Hauptarme. Der erste heißt Pischon, der fließt um das ganze Land Hawila, und dort findet man Gold; und das Gold des Landes ist kostbar... Der zweite Strom heißt Gihon, der fließt um das ganze Land Kusch. Der dritte Strom ist der Tigris, der fließt östlich von Assyrien. Der vierte Strom ist der Euphrat."

Zunächst einmal muss man feststellen, dass nicht nur die Bibel von einem Paradies ausgeht. Analoge Stellen finden sich in der Atlantissage ("Hain des Poseidon"), in der griechischen Mythologie ("Elysion") und im Gilgamesch-Epos ("Wald der Heiligen Zeder"). Übereinstimmend sprechen diese Überlieferungen von Baumpflanzungen, die von Flüssen/Gewässern umgeben sind. Ein weiteres wiederkehrendes Motiv ist der Baum des Lebens bzw. die Idee vom unbeschwerten/ewigen Leben. So gibt es bei den Babyloniern das Kraut der ewigen Jugend und bei den Griechen die Äpfel der Hesperiden (die von einem Drachen bewacht werden). Trotz dieser weltlichen Beschreibung wird das Paradies häufig im Jenseits gesucht - ein gängiges Verhaltensmuster, um "Glauben" an die Stelle von "Wissen" zu setzen. Unseres Erachtens ist dieses Motiv jedoch so weit verbreitet, dass es einen realen Kern haben muss.

Wer das Paradies sucht, muss die vier Hauptarme eines Stromes finden, die ja definitionsgemäß außerhalb des Gartens in Eden liegen, gleichwohl jedoch von dort gespeist werden. Wenn man sich die zwei bekannten Flüsse - Euphrat und Tigris - ansieht, so hat man ein Problem. Denn nach der Überlieferung teilt sich der aus Eden stammende Strom in vier Hauptarme. Diese Flüsse entstammen jedoch unterschiedlichen Quellen im Gebirge. Hier hilft der Rückgriff auf die griechische Mythologie. Diese geht davon aus, dass aus dem Urmeer (Pontos, Okeanos) alle Ströme gespeist werden. Jedem Fluss und jeder Quelle sind Okeaniden (Meer- und Flussgötter) zugeordnet, auch den Flüssen Euphrat und Tigris. Diese Flüsse mündeten letztlich alle in das Randmeer, dessen Wasser in das Urmeer (Pontos, Schwarzes Meer) zurückgeführt wurde (ewiger Kreislauf).

So hatten die Griechen denn auch möglicherweise sogar ohne Kenntnis des Kreislaufs von Verdunstung und Regen schon einen höheren Abstraktionsgrad erreicht, vielleicht diesen Kreislauf aber auch schon verstanden. Sie gingen davon aus, dass jede Quelle dem Pontos entstammte, unabhängig davon, ob es eine sichtbare Verbindung gab. Da das Alte Testament von griechischen Einflüssen geprägt ist, darf man auch für die biblische Auslegung einen höheren Abstraktionsgrad annehmen, wonach der Verlauf der Flüsse bestenfalls auf die Herkunft - und damit auf die Lage von Eden - hinweist. Tatsächlich richteten die Juden sich bei der Ausgestaltung der "Biblischen Geschichte" nach den Flüssen, die sie aus eigener Anschauung zunächst aus Assyrien, dann aus Palästina kannten.

Während der Verlauf von Euphrat und Tigris auf jeder Landkarte nachvollzogen werden kann, gestaltet sich dies bei Pischon und Gihon schwierig, da nicht geklärt ist, welche Flüsse gemeint sind. Die Suche nach "Gold" im "Nahen Osten" musste unweigerlich zum Mäander führen, der aus Nordosten von Catal Höyük kommend durch Anatolien fließt und im Südwesten mündet. Hier waren später noch die Könige Krösos und Midas zu legendärem Goldreichtum gelangt. Der Mäander, der früher ein bedeutender Fluss war, ist heute aufgrund der anatolischen Umweltveränderungen zu einem unbedeutenden Rinnsal verkommen.

Vielfach wird vermutet, dass der Gihon der Nil sei. Dafür sprächen einerseits eine lautliche Verwandtschaft und andererseits die Tatsache, dass Oberägypten als Land "Kusch" bezeichnet würde. Wir fanden diese Lösung nicht plausibel, da der Nil ja nicht "um" ein Land fließt. Auch haben wir bereits angeführt, dass Kusch nicht Ägypten bezeichnet. Der Gihon ist eine in der Bibel ausdrücklich genannte und heute noch existente Quelle in Jerusalem, an der auch König Salomo gesalbt wurde. Dies erklärt, warum der Gihon "um" das Land floss; er versorgte es als Quelle in allen Richtungen. Nach der oben dargestellten Auslegungsweise widerspricht eine Quelle nicht dem oben dargestellten "Strom" aus Eden. Der in der Nähe fließende Jordan (östlicher Grenzfluss) war in alttestamentarischer Zeit ebenfalls viel bedeutender als heute; möglicherweise wurden Gihon und Jordan als eine Einheit gesehen.

Damit ist im Rahmen der Anschauungsmöglichkeiten der alttestamentarischen Schreiber der Bezugshorizont abgegrenzt. Übrigens weist die Rückverfolgung der von uns identifizierten Flüsse nicht nur auf das Schwarze Meer; der Schnittpunkt findet sich eher im Nordwesten bei Atlantis, dem Garten in Eden.

Zur Zeit der Sagenentstehung gab es eine Zwischeneiszeit, die dafür sorgte, dass der fruchtbare Halbmond (Mesopotamien, Teile Anatoliens, Palästina) unwirtlich wurde. Das Schwarzmeerbecken mit seiner niedrigen Lage, seinem Süßwasser und seinen Frischwasser- zuflüssen war hingegen eine Oase, der Quell und das Zentrum der ersten Zivilisation. Gleichsam war dieser See der Mittelpunkt der Welt und wurde entsprechend als Schöpfer und Bewahrer des Lebens als Pontos (später Okeanos) bei den Griechen, als Apsu (Süßwasser- Urmeer) bei den Babyloniern, als Meru bei den Indern und schließlich in der Bibel als "Eden" verehrt. Eden war als großer Frischwassersee die Oase in einer Trockenzone, in der sich die zivilisierte Menschheit über die Zwischeneiszeit rettete.

Der letzte noch verbliebene Schlüssel zur Lokalisierung des durch Lössboden, Wasserreichtum und Klima in jeder Hinsicht begünstigten "Gartens in Eden" bzw. des Paradieses ist die Atlantissage. Atlantis beherbergt das Paradies. Wenn man demnächst im nordwestlichen Schwarzmeer Relikte der ersten "Weltstadt" Atlantis findet, wird man dank der konservierenden Wirkung von Schlammschicht und Todeszone auch die Reste dieses Gartens in Eden finden, der sich hier als "Hain des Poseidon" manifestiert, oder auch als Irrgarten, als Labyrinth. Allerdings kann das Durchdringen der abgelagerten Biomasse für die Meeresarchäologie noch erhebliche Schwierigkeiten bergen.

Adam & Söhne: Das "Auserwählte Volk"

Wie konnten die Menschen sich fortpflanzen, da Adam nur Söhne hatte? Die Antwort liegt auf der Hand, wenn man in dieser Passage den Gründungsmythos von Atlantis und die Entstehung der Landwirtschaft mit sesshaften Bauern sieht. Es wird zwar immer wieder behauptet, Adam und Eva seien die ersten Menschen gewesen; dies ist jedoch nur ein Gleichnis. Der Menschentypus des Hirtennomaden war schon im vorherigen Kapitel der Schöpfung selbst entstanden. Es ist hierfür nicht erforderlich, die Bibel neu zu schreiben, lediglich die Betonung muss neu akzentuiert werden.

Bisherige biblische Lesart:
"Und alle die Sträucher auf dem Felde *waren noch nicht auf Erden*, und all das Kraut auf dem Felde *war noch nicht gewachsen*; denn Gott der Herr hatte noch nicht regnen lassen auf Erden, und *kein Mensch war da*, der das Land bebaute; ... Da *machte* Gott der Herr den *Menschen* aus Erde vom Acker und blies ihm den Odem des Lebens in seine Nase und so ward der *Mensch ein lebendiges Wesen*."

Neue Lesart (gleicher Text):
"Und alle die Sträucher *auf dem Felde* waren noch nicht auf Erden, und all das Kraut *auf dem Felde* war noch nicht gewachsen; denn Gott der Herr hatte noch nicht regnen lassen auf Erden, und kein Mensch war da, *der das Land bebaute*; ... Da machte Gott der Herr den Menschen *aus Erde vom Acker* und blies ihm den Odem des Lebens in seine Nase und so ward *der* Mensch ein lebendiges Wesen."

Es geht aus unserer Sicht hier nicht um die Erschaffung des ersten Menschen überhaupt. Es geht vielmehr um die Erschaffung eines *ersten sesshaften Menschen, der Landwirtschaft betreibt*. Auch die atlantische Ebene war zuvor von nomadisierenden Hirtenstämmen bevölkert. Der Gründungsmythos von Atlantis paart sich mit der Entstehung der sesshaften Landwirtschaft, worauf die Bibel auch an anderer Stelle Bezug nimmt. Der Baum der Erkenntnis von Gut und Böse ist ein Sinnbild für die Domestizierung von Tieren und Pflanzen, deren Kennzeichen es ist, für Zwecke der Zuchtwahl (Selektion) "gut und schlecht" zu trennen und so die Produktivität zu steigern.

Auch der Mythos, wonach der Ackermann Kain den Schäfer Abel erschlägt, ist Sinnbild für diese Periode. Im Atlantismythos selbst ist die Rede davon, dass die Insel am Anfang stark befestigt war. Die Zeit war einerseits von heftigen Wanderungsbewegungen (in die Oase

Schwarzmeerraum), andererseits durch nomadisierende Viehzüchter geprägt. Der Brudermord ist ein Sinnbild für den gewaltsamen Sieg der sesshaften Landwirte über nomadisierende Viehtreiber, die demselben Stamm angehören und sich auf denselben Urvater berufen können. Sesshaftigkeit ist ökonomisch immer "Umfriedung" von Land und juristisch "Inbesitznahme" von Boden, also Privatisierung von Eigentumsrechten und zugleich (notfalls gewaltsamer) Ausschluss von "Fremden", von "besitzlosen Herumtreibern". Sehr viel später wird auch der Brudermord von Romulus an Remus mit der Verletzung von Eigentumsrechten begründet: Remus hatte sich über die „Stadtmauer" des Romulus lustig gemacht und war einfach darüber gesprungen, um ihn zu verspotten.

Adam war der besondere Mensch, dessen Nachkommen letztlich von der Bibel als "Gottessöhne", als "Riesen auf Erden" und auch als "Helden der Vorzeit" bezeichnet werden, in eklatanter Abgrenzung zu den herkömmlichen Nomaden. Es war zweckmäßig, die angeeigneten fruchtbaren Böden sowohl unter Berufung auf "heilige Mächte" als auch durch Einsatz von roher Gewalt zu verteidigen. Sesshaftigkeit führte sehr schnell auch zu "Siedlungen", zu Gemeinschaften mit gemeinsam ausgeübter "Macht" (Beispiele: Jericho, Catal Höyük), zu hoher Produktivität durch Arbeitsteilung und zu sichtbarem Wohlstand, den es zu verteidigen galt.

Vertreibung

Das Paradies ist, wie wir oben bereits festgestellt haben, als "Garten in Eden" mit dem "Hain des Poseidon" von Atlantis identisch. Die Tatsache, dass Atlantis bzw. die Region als Paradies gesehen wird, ist ein Spiegelbild der zwischeneiszeitlichen Wanderung. Durch die Austrocknung der Peripherie wurde die "atlantische Tiefebene" ein "Einwanderungsland". Das Entstehen einer paradiesartigen Beschreibung des Ziels der Wanderung ist die logische Konsequenz einer solchen Bewegung; auch heute noch werden die Zustände in "Einwanderungsländern" als paradiesisch dargestellt. Somit ist die Geschichte von der Vertreibung aus dem Paradies eigentlich die Geschichte von der Einwanderung in das Paradies. Sie wurde aber außerhalb des Paradieses in Anatolien und Palästina erdacht; in einem Paradies werden die Zustände nicht als paradiesisch empfunden - erst "Not lehrt beten".

Der Grund für die Vertreibung war, dass Adam und Eva eine verbotene Frucht vom Baum der Erkenntnis des Guten und des Bösen gepflückt hatten. Die Folge des Frevels: "Siehe, der Mensch ist geworden wie unsereiner und weiß, was gut und böse ist." Aus Angst davor, dass der Mensch auch noch die Früchte vom Baum des Lebens breche, wurde er aus dem Paradies verwiesen, "dass er die Erde bebaute, von der er genommen war". Unseres Erachtens beschreibt diese Parabel den Beginn der Zuchtwahl, die ja auch eine Unterscheidung von "besser" und "schlechter" (Selektion) erfordert. Als Folge wurde der Mensch selbst zum Schöpfer seiner Umwelt und kam damit Gott näher. Auch die Folge, dass der Mensch die Erde bebaute, deutet darauf hin: "Im Schweiße deines Angesichts sollst du dein Brot essen", also nicht mehr als pflichtvergessener Herumtreiber, sondern als hart arbeitender Bauer.

Ursprünglich war die reiche Ebene nämlich von nomadisierenden Schaf- und Ziegenhirten bevölkert, die in dieser ex-post Betrachtung ein relativ sorgloses Leben führten, die Zeit totschlugen, keine Vorsorge (Lagerhaltung) trieben und die vorhandenen natürlichen Ressourcen als Jäger, Fischer und Sammler nutzten – und manchmal wohl auch als Viehdiebe. Durch Wanderung und Bevölkerungs- wachstum kam die Pflicht zu verschärftem planerischen Handeln ebenso auf wie die ständige Auseinandersetzung mit den Nachbarn. Während sich die Hirtenstämme nur gelegentlich in die Quere kamen und sich dabei ab und an Auseinandersetzungen lieferten, wurden diese Konflikte zu einem Dauerzustand mit den und innerhalb der und zwischen den auf lange Sicht weit besser organisierten Siedlergemein- schaften. So ist denn auch die wesentliche Folge des Frevels, dass Gott Zwietracht zwischen den Menschen sät. Der Umgang der Menschen miteinander ist das Kernelement der Bibel bis in das Neue Testament hinein, wo die Nächsten- und sogar Feindesliebe als Gegenentwurf präsentiert wird.

Aus einem Rückblick heraus entstand der strafende Gott, der die Menschen räumlich aus dem Paradies vertrieb, da sie ihm zu nahe gekommen und kurz davor waren, Unsterblichkeit zu erlangen. So gesehen steht die Vertreibung in einem Bezug zur Sintflut, die Gott über die Menschen bringt, nachdem der "Verweis" nicht ausreichte. Auch die Flut löste eine Vertreibung aus. Unseres Erachtens sind diese Elemente später in einen analogen Zusammenhang gesetzt worden, als die Mythen und Überlieferungen diesen "Straf"-Tenor bekamen. Die biblische "Vertreibung aus dem Paradies" ist aber - wie gesagt - eigentlich nicht räumlich zu sehen und steht auch nicht in einem direkten zeitlichen Zusammenhang mit der Großen Flut.

Die bildliche Überlieferung als Teil des Gründungsmythos steht hingegen direkt in einem Bezug zur Atlantissage. Zunächst lebten die Nachkommen des Poseidon und des Atlas nur auf der Insel bzw. im Hain des Poseidon, die vollständig von Erd- und Wassergürteln umgeben waren und hatten eine ausreichende Ernährungsbasis. Mit wachsender Bevölkerung waren sie aber gezwungen, Durchbrüche und Brücken anzulegen, "sich für die Welt zu öffnen", um den Nachschub an Rohstoffen durch Acker- und Bergbau sowie Viehzucht und Fernhandel sicherzustellen.

Gottessöhne, Titanen und Heroen: Die Lücke

Die Bibel spricht davon, dass die Gottessöhne, die eine extrem hohe Lebenserwartung hatten, zu den Töchtern der Menschen gingen, die ihnen Kinder gebaren. Dies führte dazu, dass Gott die Lebenszeit der Gottessöhne auf 120 Jahre herabsetzte. Direkt im Anschluss an dieses Kapitel beginnt die Flut, deren Gründe das "verderbte Fleisch", die Bosheit und der Frevel waren. Hier findet sich eine deutliche Überschneidung mit den anderen Überlieferungen:

1. In Griechenland und Babylon waren Halbgötter, Titanen und Heroen ebenso bekannt wie Giganten.
2. Eine weitere wesentliche Parallele ist der generelle Verfall der Sitten. Die Verkürzung der Regierungsjahre der Könige ist in Babylon ein Bild, das mit der biblischen Entwicklung übereinstimmt. Auch in Griechenland war Auslöser für die Flut die Entstehung eines grimmigen Menschengeschlechtes.

Beide Aspekte finden sich ebenso in der Atlantissage wieder:

1. Die ersten Könige waren als Titanen göttlicher Herkunft.
2. Als Grund für den sittlichen Verfall in Atlantis wird angeführt, dass die Könige sich zu sehr mit Menschen vermischten und daher das Menschliche überhand nahm.

Wie jedoch kam es zu dem göttlichen "Hauch", der auf diesen menschlichen Gestalten lag und wie ging er verloren? Sicherlich dazu beigetragen hat eine mythologische Erhöhung, wie sie von der Nachwelt gerne und häufig vorgenommen wird. Religionsgeschichtlich oder -

philosophisch anders ausgedrückt: Das ursprüngliche göttliche "Mana" der Atlantis-Herrscher, das Schaudern und Ehrfurcht erweckte, wurde aus späterer Sicht durch göttlichen Ratschluss den Herrscherfamilien entrissen; diese waren deshalb zum Tode verdammt. Sie durften nicht an Bord der Arche und wurden von der Flutwarnung ausgeschlossen. Das Mana wurde auf eine neue, bisher nicht hervorragende, aber gottgefällige Person übertragen, deren Abkömmlinge sofort als "auserwählt" galten (Noah, Utnapischtim, Hellen).

Was haben die Menschen in den 1.600 "biblischen Jahren" zwischen der Erschaffung Adams und der Flut Noahs getan? Dieser Zeitraum ist in der Genesis nur als Geschlechterfolge gemeint und überliefert. Im Wesentlichen handelt es sich um eine Genealogie von Adam bis Noah, die sich über mehrere Generationen zieht, wobei die Stammväter ein "biblisches" Alter erreichten und mit mehreren hundert Jahren noch Kinder zeugten. Der Beginn des Gilgamesch-Epos ist vergleichbar, wobei die dort genannten Könige allerdings in der Regel mehrere 10.000 Jahre regierten.

Bibel	Gilgamesch-Epos	Griechische Mythologie
Adam	Alulim	Chaos
Set	Alalgar	Gaia
Enosch	En-men-lu-anna	
Kenan	En-men-gal-anna	
Mahalalel		
Jered	Dumuzi (ein Gott)	Uranos (Gott)
Henoch (wandelte mit Gott)	En-zip-zi-anna	Giganten (Halbgötter)
Metuschelach	En-men-dur-anna	"grimmiges"
Lamech	Ubar-tutu	Menschengeschlecht
Noah	Utnapischtim	Deukalion
(Flut)	(Flut)	(Flut)
Sem, Ham und Jafet	Gar-ur	Hellen(en)

"Königslisten"

Auch für Atlantis ist in dieser Zeit überliefert, dass die Herrscher über viele Menschenalter hindurch regierten, wobei keine Rede davon ist, dass sie jeweils so alt werden konnten. In dieser Zeit kam es zu raschem Bevölkerungswachstum und einem allgemeinen technologischen und wirtschaftlichen Aufstieg. Gegen Ende hin verfiel die Moral, was in Atlantis ebenso wie in der Bibel, im Gilgamesch-Epos und in der griechischen Mythologie Begründung für die gottgesandte Flut war. Insgesamt sehen wir so viele Überschneidungen, dass man die verschiedenen Mythen übereinander zu legen und eine einheitliche Geschichte herausarbeiten kann. *Am Ende steht die Atlantissage als fehlendes Bibelfragment, wobei der Zeitraum von der Gründung (Adam) bis zur Flut (Sintflut) abgedeckt wird.*

Aus unserer Sicht besteht eine solche Übereinstimmung der betrachteten Mythen, dass jedenfalls die Strukturen (Gründung, Aufstieg und Fall, Flut) identisch sind. Insbesondere bestehen auch Verbindungen in vielen Details, so zum Beispiel beim Garten in Eden, dem Baum des Lebens, dem Verfall durch Vermischung von Göttern mit Menschen und nicht zuletzt auch der Flut selbst: Kennzeichen einer jeden durch Flüsse verursachten Flut ist, dass diese "reißend" ist und alles vernichtet, was ihr im Wege steht. Hiervon ist jedoch in keiner der beschriebenen Fluten die Rede. In der Bibel öffnen sich zunächst die "Brunnen der Tiefe" (in Übereinstimmung mit dem früher geschilderten Wasserkreislauf durch den Pontos), was darauf hinweist, dass die Flut "von unten" gestiegen ist. Dem entspricht auch das "Versinken" von Atlantis. Der Gesamtkontext im Gilgamesch-Epos spricht auch gegen eine reißende Flut; vielmehr wird ein direkter Bezug zum "Meer des Todes" hergestellt, welches nach der Flut übrig blieb; und Gilgamesch muss in den Süßwasser-"Urozean" hinabtauchen, um das Kraut der Jugend zu holen, über das die Könige vor der Flut verfügten.

Die Arche - kein Hausboot, ein Rettungsfloß

Unseres Erachtens wäre es eine ungewöhnliche Reaktion, auf die kurzfristige Ankündigung einer Flut mit dem Bau eines riesigen Hausbootes zu reagieren, wie dies in den überlieferten Flutmythen der Fall ist; bei sieben Tagen (oder auch sehr viel mehr) Vorwarnzeit in Bibel und Gilgamesch-Epos wäre es als Alternative zu einem wackeligen Kasten sicherlich einfacher und risikoloser gewesen, den nächsten Berg aufzusuchen, wie dies auch Philemon und Baucis an der südlichen Schwarzmeerküste getan haben sollen. An dieser Steilküste hatten sie auch einen sehr viel kürzeren Fluchtweg und einen besseren Überblick. Manche mögen glauben, dass tatsächlich die ganze Welt bis über die Bergspitzen überflutet wurde; dies ist jedoch physikalisch unmöglich und es gibt auch keine Spuren eines solchen hydraulischen Phänomens, obwohl das "Diluvium" so zu seinem Namen gekommen ist und auch intensiv nach Spuren gesucht wurde.

So landete Noah auch *nicht auf dem Berg Ararat*, sondern die Arche ließ sich "nieder *auf das Gebirge* Ararat", womit ebenso die Region der türkisch-georgischen Schwarzmeerküste gemeint sein kann. Die Suche der Arche an der Bergspitze ist eine Folge der irrigen Annahme, dass die Wasser auf Erden um runde 5.000 Meter gestiegen wären. Alles spricht dafür, dass hier wirklich ein Meeresspiegel gestiegen ist - nämlich der des Schwarzen Meeres - aber natürlich nicht in dieser Größenordnung.

Die Geretteten finden sich durchweg am heutigen Schwarzmeerrand wieder: Deukalion wurde erst 2.000 vor Christus von den Protogriechen von der Nordschwarzmeerregion nach Griechenland "übertragen", Philemon und Baucis gingen nach Zentralanatolien (Phrygien) und Noah und sein babylonisches Pendant landeten in Ostanatolien.

Die in Bibel und Gilgamesch-Epos überlieferten Kästen wären bei einer so langen Fahrt schon bei der geringsten Böe gekentert (kein Kiel, kein Ballast, kaum Tiefgang, hoher Schwerpunkt, große Angriffsflächen). Nach dem Gilgamesch-Epos ging mit der Flut sogar ein Südsturm einher! Mit welchen Mitteln hätten die Flutbedrohten ein großes Schiff bauen können, wo doch erst der Einbaum als Wasserfahrzeug geläufig war?

Unseres Erachtens gibt es hingegen eine schlüssige Erklärung für die Arche-Mythen, die auf der Frage der Schwimmfähigkeit basiert. Physikalisch betrachtet gibt es zwei Möglichkeiten, Auftrieb zu erzeugen: Entweder baut man einen stabilen wasserdichten Hohlkörper (Schiff) oder man verbindet Schwimmkörper wie zum Beispiel Hölzer oder Hohlkörper miteinander (Floß). Die Konstruktionsanleitungen der Flutsagen wirken ihrerseits "konstruiert"; der Schiffbau steckte zum Zeitpunkt der biblischen Überlieferung der Flut (3. Jahrtausend vor Christus) in den Kinderschuhen und war zu der von uns betrachteten Zeit - 5.510 vor Christus und früher - nicht über den Bau von Einbäumen und einfachen Transportflößen hinausgekommen.

Beobachtet man eine Flutkatastrophe irgendwo auf der Welt, so stellt man fest, dass Holzhäuser regelmäßig aufschwimmen und dann wie Rettungsflöße mit Mensch und Tier abgetrieben werden. Bei reißenden Fluten kentern oder zerschellen solche "Wasserfahrzeuge" bald. Für die Sintflut ist anzunehmen, dass viele sich in der Hoffnung, dass das Wasser wieder zurückgehen würde, auf Siedlungshügel oder mit Hab und Gut (Vieh, Saat, Lebensmittel) auf die Dächer oder oberen Böden ihrer Häuser retten wollten.

111

Es kann auch vermutet werden, dass die Bewohner der Schwarz-meersenke in großer Zahl in Pfahlhäusern den fischreichen See und die Flussarme im Delta säumten. Diese Holzhütten wurden durch die steigende Flut mit oder ohne Pfostengerüst wie Flöße angehoben. Die Archäologie der "Lake Dwellings" kam schon früh zu dem gesicherten Ergebnis, dass auf den Plattformen der Pfahlbauten, die aus soliden Baumstämmen plus Astwerk und gestampftem Lehm bestanden, auch Schafe gehalten wurden. Insofern mussten die Tiere von Noah gar nicht erst an Bord der Arche genommen werden. Pfahlbauten wurden zunächst (ab 6.500 vor Christus) in Asien entwickelt und tauchten später zum Beispiel in Deutschland (Federsee 4.500 vor Christus) und der Schweiz (Bielersee 3.800 vor Christus) auf: Unseres Erachtens mit den Atlantisflüchtlingen, die sich diese Technologie bereits bis 5.510 vor Christus angeeignet hatten - andere Beziehungen nach Asien haben wir ja schon dargelegt.

Es gab also zunächst einige "Archen", die führungslos ohne Segel und Ruder auf dem Wasser trieben. An Navigation war nicht zu denken. Viele dürften mit der Zeit wegen des hoch liegenden Schwerpunktes infolge fehlenden Kielballastes vor dem Winde gekentert und möglich-erweise mit der Zeit auch untergegangen sein. Wenn jedoch mehrere Hütten mitsamt ihren Verbindungsstegen (und Teilen ihres Pfahlunter-baues) gleichzeitig aufschwammen und davon trieben, dann konnten sie durch den Katamaran-Effekt genügend Stabilität erreichen und somit große Lasten (Menschen, Vieh und Vorräte) an ihr unbestimmtes Ziel tragen.

Sicherlich hatten die Flutopfer auch noch Gelegenheit, draußen lagern-de Vorräte und Vieh ins Haus zu nehmen, Fugen abzudichten (mit Teer oder Asphalt zu „verpichen") und Öffnungen zu verbarrikadieren. Was als Hausabdichtung gegen das Eindringen von Wasser bei vorüber-gehender Flut gedacht war, sicherte dann zusätzlich die Schwimm-fähigkeit und Haltbarkeit der ungeplanten Wasserfahrzeuge. Das Wasser stieg im Durchschnitt relativ langsam, vielleicht um 15 Zenti-meter pro Tag. Am Anfang war der Anstieg aber schneller, da das Gefälle zwischen Wasserstand im Weltmeer und der Schwarzmeer-ebene anfänglich höher und die zu befüllende Fläche kleiner war als gegen Ende hin. So ist es leicht vorstellbar, dass von dem Zeitpunkt, da das Ansteigen des Wassers erkannt wurde, bis zum Aufschwimmen der Häuser im Durchschnitt - wie dies in Bibel und Gilgamesch-Epos überliefert ist - sieben Tage vergingen.

Die Menschen wurden dann mitsamt ihrer Habe in und auf ihren Holzhäusern davongetragen, aber nicht in reißenden Fluten, sondern mit der Südostströmung des Schwarzen Meeres vor einem konstanten Nordwestwind in Richtung Anatolien: Da die Mündungswinkel der Schwarzmeerflüsse bis heute eine permanente Oberflächenströmung entgegen dem Uhrzeigersinn im Schwarzen Meer bewirken, ist es wahrscheinlich, dass die meisten Archen ganz gemächlich nach Südosten getrieben wurden. Ausreichend Vorräte waren zunächst an Bord und das Wasser war auch nicht von Anfang an ungenießbar, weil das Mischungsverhältnis zunächst noch zugunsten einer geringeren Salzkonzentration ausfiel. Das Wasser aus dem Marmarameer sank zunächst nach unten, weil es salzhaltiger und kälter und damit insgesamt schwerer als das Oberflächen-Frischwasser im Pontos war.

Die Ankunft dieser klobigen Kästen und die Rettung ihrer Insassen muss den Betroffenen und Zuschauern bei der Landung wie eine göttliche Vorsehung erschienen sein. Den Mythos von tugendhaften Überlebenden haben die Geretteten wahrscheinlich nicht einmal selbst geschaffen; im Rahmen der Einführung strafender Götter in späterer Zeit ergab es sich zwangsläufig, dass nur "folgsame" Menschen überlebt haben konnten. Diese wenigen Auserwählten wurden die Stammeltern neuer Geschlechter. Sie galten als gottesfürchtige, nicht den Göttern trotzende und damit nicht überhebliche Menschen. Im Umkehrschluss ergab sich aber eine Abgrenzung von den Opfern der Flut - eine Tabuisierung durch ein göttliches Strafgericht.

Von einer Rückkehr Noahs in die alten Siedlungsgebiete nach dem angeblichen Sinken der Flut ist nicht die Rede. Sein babylonisches Pendant, Utnapischtim, kehrte ausdrücklich nie in seine Heimat zurück, sondern lebte auf einer Insel "fern an der Ströme Mündung". Der Rückgang der Flut wurde offensichtlich später von denen eingefügt, die nur solche vorübergehenden Schmelzwasser-Überschwemmungen im Zweistromland kannten. Bei einem Sinken der Flut wäre Noah so wie alle Flutgeschädigten der Geschichte zurückgekehrt.

Wenn freigesetzte Landvögel wegen fehlender Landungsplätze zunächst zur Arche zurückkehrten, später aber nicht mehr oder mit Zweigen im Schnabel, dann war die Arche in Richtung rettendes Land getrieben; falsch war die Interpretation, der Kasten sei von der zurückgehenden Flut an erhöhter Stelle oder gar auf einem Berg wieder auf Land gesetzt worden.

Babylonische Sprachverwirrung

Bis zur Flut hatten die Atlanter eine Sprache, die sicherlich noch sehr nahe am indoeuropäischen Sprachstamm, wenn nicht sogar mit diesem eins war. Die Menschen, die nach Südosten gerieten oder durch den Bosporus vom Zentrum abgeschnitten wurden, begannen, mit gebrannten Ziegeln eine Stadt und einen Turm zu bauen, um sich "einen Namen zu machen" (an den alten Stand von Kultur und Technik wieder anzuknüpfen) und nicht in alle Länder verstreut zu werden. Traditionell wird vermutet, dass der Turm zu Babel in Mesopotamien stand, weil die Verfasser der biblischen Geschichte(n) sich darunter etwas vorstellen und gleichzeitig wieder den Götzendienern am Zeuge flicken konnten. So besteht angeblich eine sprachliche Beziehung zwischen "Babel" und "Babylon". Sowohl der Umgang mit Ziegeln wie auch der Bau von hohen Türmen war aus heutiger Sicht eine Spezialität der Babylonier. Diese Erklärung erschien lange Zeit plausibel und so wurde es zum allgemeinen Gedankengut, dass Babel mit Babylon identisch und der "Zikkurat" Prototyp des Turmbaus zu Babel sei.

Wenn man sich die weiteren Wanderungsbewegungen ansieht, stellt man fest, dass Nimrud - ein Abkömmling Hams, sagenhafter Städtebauer und "großer Jäger vor dem Herrn" - als Eroberer auch des Zweistromlandes gilt. Dieses wurde aber, wie überliefert ist und wie es auch die Logik gebietet, von Norden her in Besitz genommen. Dies spricht dafür, dass das eigentliche Babel in Ostanatolien zu suchen ist. Dafür spricht auch, dass die Atlantisflüchtlinge, die in Noah personifiziert sind, am Gebirge Ararat und damit in Ostanatolien landeten. Es macht durchaus Sinn, dass Flüchtlinge - sei es aus dem nördlichen oder südlichen Schwarzmeerraum - in Ostanatolien landeten und dort begannen, eine Stadt zu bauen. Es ging ihnen darum, die Zivilisation, wie sie sie kannten, am Schwarzmeerrand neu auf sicherem Gelände hoch über der Flut zu errichten. So kommt es denn auch, dass diese Flüchtlinge "nach Osten" gezogen waren. Aus Sicht der Atlantiskultur, die sich bis Anatolien ausgebreitet hatte, hätte Mesopotamien "im Süden" gelegen.

Nun hatten die Flüchtlinge ihre neue Stadt ausgerechnet auf der Erdbebenlinie erbaut, die hier über die Osttürkei bis nach Armenien reicht. Sie wurden von einem Erdbeben heimgesucht, das für sie und die ersten Steinbauten verheerend war und als zweiter großer Schlag der

Götter empfunden werden musste, so dass sie sich jetzt wieder auf die Flucht begaben - größtenteils sicherlich nach Mesopotamien.

Was für die Richtigkeit der überlieferten biblischen Geschichte(n) spricht, ist, dass es die beschriebene "Stockung" in der Ausbreitung der Menschen tatsächlich gab; denn das Zweistromland wurde erst ab 5.000 vor Christus von Landwirten nutzbar gemacht, während die Flut nach unserer zeitlichen Fixierung bereits 5.509 vor Christus ihren Endstand erreicht hatte. Das Zweistromland war, wie bereits dargestellt, für die Menschen ein lebensfeindlicher Raum. Es war erforderlich, zunächst ein halbwegs funktionierendes Gemeinschaftsleben zu organisieren, dabei Bewässerungstechnik zu überliefern und schließlich auch Ersatzrohstoffe zu finden, bevor die Besiedlung des Zweistromlandes beginnen konnte. So gab es dort kaum Holz. Die Entwicklung der Lehmziegeltechnik in Babel war daher notwendige Voraussetzung für die nachfolgende Besiedlung Mesopotamiens. Auch andere Rohstoffe waren in dieser Region knapp, so dass zunächst auch ein ausgedehnter Fernhandel mit den damals üblichen Waren aufgebaut werden musste.

Unglaubwürdig ist, dass sich die Bevölkerung in alle Himmelsrichtungen zerstreute, weil eine "babylonische Sprachverwirrung" auftrat. Für Babylon ist gesichert, dass die Städte nicht einfach verlassen wurden. Einzelne Städte wurden aufgegeben und an anderer Stelle neue gebaut, wenn die Flüsse ihren Lauf verlagerten. Babylon selbst wurde jedoch gewaltsam zerstört. Von Babylon ist auch nicht die Wanderungswelle von Semiten, Hamiten und Jafetiten ausgegangen und auch die indoeuropäische Sprachfamilie ist nicht in Babylon entstanden, sondern stammt ursprünglich aus dem Raum des Schwarzen Meeres. Die Geschichte beschreibt eine Stockung der Vertreibung der Atlanter, nicht aber Vorgänge in und um Babylon. So hat denn der britische Archäologe SANDERS eine Region in der Osttürkei ausgemacht, die heute noch Babel ("Tor zu Gott") heißt. Babel läge demnach in der nordöstlichen Türkei in der Nähe des Vansees, am Fuße des Ararat-Gebirges, in der Nähe von Obsidian-, Kupfer- und Zinn-Lagerstätten.

Türme waren zu der hier beschriebenen Zeit 5.509 bis 5.000 vor Christus bereits bekannt; man denke an den Turm in Jericho. Der Name der Stadt "E-ri-du" (angeblich erste Stadt Mesopotamiens vor der Flut) könnte von "Je-ri-cho" abstammen. Dafür spricht nicht nur die *lautliche Ähnlichkeit*, sondern auch die Tatsache, dass diese Stadt neben der für ihre Zeit imposanten *Befestigungsanlage* über einen markanten *Turm* verfügte. Selbstverständlich waren hohe Bauten und insbesondere Türme auch für Atlantis nach der überlieferten Sage prägend. Babel verfügte - wie Jericho - über einen markanten Turm. Am Ende dieser Entwicklung stand ein erster Turm in Eridu, dem wieder aufgebauten Jericho, nämlich ein religiöser Tempel, auch "Zikkurat" genannt. Darüber hinaus gibt es weitere Übereinstimmungen, so zum Beispiel die in Jericho gefundenen *Bewässerungssysteme*: Auch die Bewässerungsidee lässt sich von Jericho über Atlantis in das Zweistromland verfolgen. Der Bezug zu Atlantis, das parallel existierte, kann über die gefundenen *lebensgroßen Statuen* und eine *Stele aus Vulkangestein* hergestellt werden.

Erstaunlich ist, wie präzise die Bibel die Stammesbewegungen nach der Flut beschreibt. Man darf nicht der Versuchung erliegen, in den Überlebenden der Flut Individuen zu sehen. Die Söhne Noahs stehen bildlich für die Völker der Hamiten (Ham), Semiten (Sem) und Jafetiten (Jafet). Es ist in sich logisch, Abspaltungen, Aufspaltungen und Wanderungen von Völkern anhand von Personen darzustellen, zumal zu so früher Zeit die mündliche Überlieferung, bestenfalls eine einfache schriftliche Überlieferung, üblich war und sich einzelne Personen besser vorstellen und darstellen lassen als abstrakte Völker. Hätten gemäß der biblischen Überlieferung im 3. Jahrtausend vor Christus oder auch zu einem sehr viel früheren Zeitpunkt nur so wenige Menschen die Sintflut überlebt, hätten sie danach eine unvorstellbare Vermehrungsrate an den Tag legen müssen, um 2.500 vor Christus die Pyramiden von Gizeh bauen oder zu Lebzeiten Jesu die damalige Millionenstadt Rom bevölkern zu können. Der durchgängige archäologische Befund auf allen Kontinenten ist der schlagende Gegenbeweis zu einer weltumspannenden Flut.

Bereits bei der Beschreibung der griechischen Mythologie haben wir dargestellt, dass der "Urvater" aller Griechen der Titan Iapetos ist, da er Großvater beider Überlebender der Flut - Deukalion und Pyrrha - war. Jafet ist die biblische Version des Titanen Iapetos, nach dem die *Jafetiten* ihren Namen erhalten haben. Folgerichtig, und wie es uns die Geschichte der Griechen lehrt, wanderten Jafet und seine Söhne nach dem heutigen Griechenland aus, welches in der Bibel als "Inseln der Heiden" bezeichnet wird. Dies ist ein Abbild der europäischen und möglicherweise auch der vorderasiatischen Kulturdrift. Ein Sohn des Jafet ist Gomer, der mit den Kimmeriern oder auch Kimbern in Europa gleichgesetzt wird. Der zweite Sohn - Magog - wird mit einem Volk in der Osttürkei gleichgesetzt; er soll einen Bezug zu Prometheus im Kaukasus und damit auch zu Iapetos haben. Über diese Wanderungsbewegungen nördlich des Schwarzen Meeres ist in der Bibel naturgemäß nichts weiter überliefert.

Die *Hamiten* hingegen waren die Mittelmeeranrainer von Anatolien bis nach Nordafrika. Nach der biblischen Überlieferung gehörte auch das Zweistromland zunächst zu diesem Kulturkreis. Der erste Sohn von Ham - Kusch - ist wohl mit einer semitisch-hamitischen Volksgruppe gleichzusetzen. Man kann sich lebhaft vorstellen, wie ein Wanderungsdruck aus Süden - von der arabischen Halbinsel - auf die hamitische Volksgruppe trifft, die von der Schwarzmeerflut vertrieben wurde. Konsequenterweise zieht sich die Volksgruppe der Kusch über den ganzen fruchtbaren Halbmond von Mesopotamien über die Türkei und Palästina bis nach Ägypten hin. Ein Sohn des Kusch ist Hawila; wir meinen, dass es sich hierbei um die Westtürkei handelt (dort wo der Pischon = Mäander fließt). Ein weiterer Sohn des Kusch ist Nimrod, der das Zweistromland von Norden her eroberte und nach dem die Stadt Nimrud im Irak benannt wurde. Ein weiterer Sohn des Ham ist Mizrajim, der für Ägypten (heute in der Landessprache noch Misr) steht. Kanaan steht für Syrien und wenn man den Bogen über den fruchtbaren Halbmond weiter spannt, müsste der vierte Sohn, Put, eigentlich für Palästina stehen.

Nicht gesichert ist, wo die Volksgruppe der *Semiten* zur Zeit der Flut 5.510 vor Christus zu suchen ist. Die Bibel betrachtet die Entwicklung der Geschlechter von Jafet und Ham nicht mehr weiter, sie bezieht sich ausschließlich auf Nachfolger Sems. Erstmals in das Licht der Geschichtsschreibung treten die Semiten durch ihre Auseinandersetzungen mit den Babyloniern, bei denen sie zunächst unterliegen. Zu dieser Zeit sind sie als nomadisch lebende Stämme auf der Arabischen Halbinsel angesiedelt. Allerdings muss es auch vorher schon Wanderungsbewegungen gegeben haben. Semitische Volksstämme sind schon in vorgeschichtlicher Zeit durch Ägypten bis nach Äthiopien gewandert. Jede Grenzziehung zwischen Semiten und Hamiten ist daher zwangsläufig unscharf. Die biblische Geschichte ist ab dem 2. Jahrtausend vor Christus anhand tatsächlicher Umstände teilweise nachvollziehbar. Ab dem 1. Jahrtausend vor Christus geht die biblische "Geschichtenschreibung", auch im Hinblick auf die entstehende Feindschaft der israelitischen und phönizischen Stämme, in eine echte Überlieferung über. In etwa aus dieser Zeit stammen auch die ältesten schriftlichen Aufzeichnungen, deren Inhalte aber teilweise deutlich älter sind.

Irgendwann in dieser Zeit wurden die Semiten zu der prägenden Gruppe im Nahen Osten und begründeten unter Abspaltung der ebenfalls semitischen Phönizier (später: Punier, Karthager) die jüdische Religion. Diese sieht ihre monotheistischen Wurzeln - so wie auch das darauf aufbauende Christentum und der Islam - sehr viel früher, was allerdings durch keine externe Quelle belegt ist. Insbesondere die Tatsache, dass die Ägypter, die traditionell enge Beziehungen in diese Region unterhielten, nichts von dieser "Eigenartigkeit" überliefert haben (obwohl sie sich selbst unter dem Pharao Echnaton damit auseinandersetzten), lässt an dem behaupteten Alter des Monotheismus zweifeln.

ATLANTIS - EIN TABU

Methodik

Bei der Suche nach Atlantis wollen wir nun im Detail eine Annäherung auf der Basis der Daten unternehmen, wie sie die Sage selbst beschreibt und wie Wissenschaftler und Mythen sie beigetragen haben. Die Atlantissage gibt eine Vielzahl von Hinweisen, die sich wie ein Puzzle zusammensetzen lassen. Die eigentliche Herausforderung besteht darin, diejenigen Aspekte richtig zu würdigen, die für die räumliche und zeitliche Einordnung entscheidend sind. In der Vergangenheit hat dies dazu geführt, dass Atlantis je nachdem, welcher Aspekt besonders betont wurde, in Europa, in Asien, sogar in Amerika oder auch im Atlantik und in der Arktis wie auch in verschiedensten Zeitaltern gesucht wurde. Die überlieferten Angaben sind zu ungenau, um damit (induktiv) Raum und Zeit zu fixieren. Der Atlantissuchende ist auf eine deduktive Herangehensweise angewiesen. Er muss über empirische Ansatzpunkte hypothetisch Ort und Zeit fixieren und dann feststellen, ob und inwieweit die überlieferten Informationen damit übereinstimmen oder dagegen sprechen.

Hinsichtlich der räumlichen und zeitlichen Einordnung ist das gesicherte Forschungsergebnis von PITMAN und RYAN - die Schwarzmeerflut um 5.500 vor Christus - die von uns aufgestellte Hypothese. Da es keinen allgemeingültigen Erfahrungssatz gibt, welchen Informationen welche Bedeutung zukommt, ist die Auswahl und Bewertung der Testkriterien, an denen die "Trefferquote" gemessen wird, jedoch sehr schwierig. Durch geschicktes Interpretieren und Weglassen ist es möglich, Atlantis nahezu willkürlich in Raum und Zeit zu fixieren. Wir haben den Versuch einer Objektivierung für uns wie folgt gelöst: Die Atlantissage wurde zeitweise mündlich und zeitweise schriftlich überliefert. Wir fragten uns nun, welche Informationen sich bildlich "beeindruckend" darstellen lassen. Bestimmte Informationen, die keine besondere bildliche Darstellungskraft haben, neigen nämlich dazu, schnell verloren zu gehen oder verfälscht zu werden; andererseits werden aus der Retrospektive und aus dem Lebensumfeld des Überlieferers neue Elemente hinzugedichtet, um die Überlieferung auszuschmücken.

So scheint die Existenz von Elefanten in Atlantis nur ein phantastisches Detail zu sein. Aus unserer Sicht handelt es sich hierbei hingegen um ein tragendes Element des Realitätsgehaltes der Überlieferung.

Die gesamten Angaben zu Größe und zahlenmäßiger Bewaffnung in Atlantis, die ein scheinbar so exaktes Bild vermitteln, sind gerade deswegen wohl eher Fiktion. Wir möchten jedoch nicht der Versuchung erliegen, durch die Auflistung erfüllter Kriterien den Eindruck der Wissenschaftlichkeit und Exaktheit zu vermitteln; die Beweisführung liegt nämlich nicht in der Erfüllung möglichst vieler, sondern in der Auswahl, Formulierung, Gewichtung und Interpretation der Kriterien. Wir wollen stattdessen dem Leser ein insgesamt schlüssiges Bild der geschichtlichen Dynamik aufzeigen, in die sich die Atlantissage einfügt. Im Ergebnis sind wir überzeugt, dass weitere Atlantis-Relikte in Kürze gefunden werden können; denn der Vorteil an unserer Theorie ist, dass sie leicht überprüfbar ist: Einerseits, weil wir uns bereits jetzt auf eine schon vorliegende empirische Befundlage stützen können, die nur in das rechte Licht gerückt werden muss, andererseits da das zivilisatorische Zentrum von Atlantis

- in einer Tiefe von 20 bis maximal 120 Metern unter dem Meeresspiegel liegt;
- sich mittels Echolot- und Georadarerfassung durch Verfolgung der schon bekannten früheren Flussverläufe und des Dnjestr-Bug-Dnjepr-Deltas bei einer leichten Erhebung lokalisieren lässt, da sich die Strukturen am Meeresboden noch abzeichnen (wenn man den direkten Zugriff über die Theorie Schlangeninsel = Berg von Atlantis ablehnt);
- sich aufgrund der Bedeckung mit einer mehrere Meter dicken Schicht aus Schlamm und abgestorbener Biomasse und möglicherweise der Existenz einer sauerstofflosen Todeszone in leidlich gutem Zustand erhalten haben muss.

Wenn es also noch eines letzten Beweises bedarf, so lautet unsere zu überprüfende Vorhersage: Man wird die frühere Kapitale von Atlantis in der versunkenen Ebene im nordwestlichen Schwarzmeer finden.

Räumliche Einordnung

Topographie und Toponyme: Eine Annäherung

Nach Auskunft des ägyptischen Priesters SONCHIS in Sais zog die atlantische Streitmacht vom "atlantischen Meere" her übermütig gegen ganz Europa und Asien heran. Das atlantische Meer sei damals - im Gegensatz zu späteren Zeiten - schiffbar gewesen. Atlantis läge vor dem Eingang, den die Griechen "Säulen des Herakles" nennen. Auf der Basis des um 500 vor Christus gültigen Weltbildes wurde Atlantis demnach wie folgt gesucht. Atlas war - ebenso wie Herakles oder der Garten der Hesperiden - ganz im Westen der bekannten Welt angesiedelt. Nach diesem mediterranen Weltbild waren die Säulen des Herakles an der Meerenge von Gibraltar zu suchen.

Aufgrund dieser Vermutung kamen der Atlantik und das Atlasgebirge zu ihren Namen. Wir möchten noch einmal betonen, dass sich aus diesen Namen keine Hinweise für eine Lokalisierung von Atlantis ableiten lassen. Vielmehr kamen diese Orte erst durch die voreilige Interpretation der Atlantissage zu ihren Namen. Für uns ist das "Atlantische Meer" der untergegangene Süßwasser-Binnensee des Pontos. Rund um das Schwarze Meer hatten die Atlanter ihre Siedlungsstätten mit dem Zentrum im Nordwesten.

Nimmt man das Weltbild der Griechen aus der Zeit der Niederschrift der Sage an, so reicht dieses von Gibraltar bis nach Vorderindien und von Europa und dem Kaukasus bis nach Nordafrika und auf die arabische Halbinsel. Das Weltbild des Geschichtsschreibers HERODOT von etwa 450 vor Christus kann in etwa rekonstruiert werden. Hier zeigt sich, dass nicht das Mittelmeer im Zentrum steht, sondern das Schwarze Meer. Dies ist Ausdruck der ursprünglichen Zentrierung des griechischen Weltbildes auf das Schwarze Meer, die sich ja auch darin ausdrückt, dass der allgemeine Begriff für Meer - Pontos - gleichzeitig auch das Schwarze Meer bezeichnet. Diese Sicht wird auch, wie vorher dargestellt, von Ägyptern und Indern geteilt.

Wenn die Griechen von Atlantis am Rande des Pontos-Nachfolgers Okeanos sprechen, kann dies „am Rande des Meeres" bedeuten, meint aber wohl „am Rande *des* Meeres" – des Schwarzen Meeres.

Wenn man die verwendeten Ortsnamen und Ortsbezeichnungen auf dieses Weltbild anwenden will, muss man berücksichtigen, dass die Götter, Heroen und Titanen wie zum Beispiel Poseidon, Atlas und Prometheus deutlich älter sind als dieses Weltbild. Sie wurden um 2.000 vor Christus von den osteuropäischen Einwanderern nach Griechenland gebracht! Reduziert man das Weltbild der Griechen auf die Zeit um oder vor 2.000 vor Christus, sind zwei Einflussfaktoren relevant:

Einerseits muss das gesamte Bild verkleinert und somit der *Horizont reduziert* werden. Das oben dargestellte griechische Weltbild basiert auf den Erfahrungen einer Nation, die zur See fährt, ausgedehnten Fernhandel betreibt und im Übrigen bereits in der Eisenzeit angesiedelt ist. Geht man von hier aus über 2.000 Jahre zurück, muss man konstatieren, dass eine Schifffahrt, die es erlauben würde, im Mittelmeer zu kreuzen, noch gar nicht existierte. Das Rad war noch nicht lange erfunden und die Nutzung der Pferde stand - zumindest in dieser Region - erst am Anfang. Die Verkleinerung des Weltbildes haben einige Atlantissuchende bereits berücksichtigt und so Atlantis zum Beispiel in der Straße von Messina zwischen Italien und Sizilien gesucht.

Es reicht jedoch nicht, das Weltbild einfach zu verkleinern. Vielmehr ist auch zu berücksichtigen, dass sich das *Zentrum verschoben* hat. Denn die damaligen Protogriechen waren um 2.000 vor Christus nach Griechenland aus Osteuropa eingewandert. Dabei brachten sie ihre Götter und Heroen bereits mit. Wenn man also Prometheus ganz im Osten an den Kaukasus gefesselt hat, so muss Atlas aus Sicht der griechischen Mythologie ursprünglich am westlichen Schwarzmeerrand - mit Sicherheit jedoch nicht im westlichen Mittelmeer am Atlantik - gesucht werden.

Interessant ist, dass das griechische Volksgedächtnis auch 500 vor Christus - also 1.500 Jahre nach der Wanderung aus Osteuropa - seine Pontozentrierung noch nicht aufgegeben hat; auch die griechischen Städtegründungen am Schwarzen Meer sprechen eine deutliche Sprache. Lediglich die Einwanderung nach Westen - bis hin nach Italien, Spanien und Frankreich - und die Ausweitung des gesamten Horizontes führten dazu, dass die Säulen des Herakles vom Bosporus nach Gibraltar verlegt wurden. So konstatiert denn auch der römische Gelehrte SERVIUS um 400 nach Christus: "Durch die Säulen des Herakles fahren wir im Schwarzen Meer wie auch in Spanien."

Hinsichtlich der Lokalisierung möchten wir auch auf folgende interessante Auffälligkeit bezüglich der Zuflüsse in das Schwarze Meer hinweisen, deren tieferen Sinn Sprachwissenschaftler vielleicht noch entschlüsseln können. Die vier Hauptströme, die in das Schwarze Meer münden sind (von West nach Ost):

Fluss	Interpretation	Lat.-indoeur. Anklang
D on au	(Westen)	occidens
D nje str	(Links)	sinistra
D nje pr	(Rechts)	dextra
D on	(Osten)	oriens

122

Zunächst einmal beginnen diese Flüsse alle mit "D". Möglicherweise deutet das "D" in diesem urtümlichen indoeuropäischen Sprachgebrauch auf die Flussgottheiten hin (lat. Deus, ind. Deva). Die Autoren haben - zwar nicht als Linguisten, aber als Indoeuropäer - eine Auslegung vorgenommen, die die These unterstützen könnte, dass das Gebiet von der Donau (im Westen) bis zum Don (im Osten) einmal ein einheitliches Siedlungsgebiet war - unter atlantischer Regie. Aus dem Blickwinkel des versunkenen Atlantis-Zentrums macht es bei der Namensgebung Sinn, den Dnjestr links, und den Dnjepr rechts zu sehen (zumal beide zusammenflossen), den Don im Osten und die Donau im Westen

Es ist zwar richtig, dass diese Flüsse zur Zeit der Kolonisation durch die Griechen ("Rückeroberung des Schwarzen Meeres") andere Namen trugen; wir nehmen jedoch an, dass die Namen, die heute wieder gebräuchlich sind, die ursprünglichen Namen dieser Flüsse waren. Die oben dargestellten Flussnamen sind nicht etwa neue Namen aus der Zeit nach dem Verschwinden der Griechen. Es sind wiederauflebende ursprüngliche Namen von den Oberläufen der Flüsse oder von Flussgottheiten. So hieß die Donau unter griechischer Regie Ister; später jedoch erhielt die Donau ihren alten Namen wieder, dessen Ursprünge sicherlich sehr weit in der Vergangenheit liegen. LEIBNIZ (1646-1716) bemerkte schon, "dass die Flussnamen, da sie gewöhnlich aus der ältesten Zeit stammen, am besten die alte Sprache und die alten Bewohner bezeichnen, weswegen sie eine besondere Untersuchung verdienen".

So wagen wir auch die These, dass der Fluss Alt, der die Hochkarpaten (für uns: das Atlasgebirge) nach Süden zur Donau entwässert, „Atl" hieß, weil er dem ursprünglich so genannten Atlas-Gebirge entsprang und dass auch die Region Altenia in der Tiefebene ursprünglich „Atlenia" hieß. Noch heute heißt es: *der* Alt; das deutet auf einen männlichen Flussgott (Atlas) hin.

Gewässernamen haben wie alle Landmarken insgesamt eine starke Tendenz, über die Zeit stabil zu bleiben. Dies liegt nicht zuletzt daran, dass der Flussname der kleinste gemeinsame Nenner aller an einem Fluss siedelnden Kulturen ist. So wird man kaum einen Strom finden, der seinen Namen beim Übertritt über eine Grenze völlig verändert. Die Donau heißt je nach Region Dunaj, Dunav, Dunarea und selbst im sprachlich von Indoeuropa abgekoppelten Ungarn heißt der Fluss noch Duna. So wurden die griechischen Namen nach dem Niedergang der

Griechen auch wieder aufgegeben und die erhalten gebliebene Nomenklatur der Oberläufe setzte sich wieder durch.

Das Atlantische Meer, die Ebene und die Berge

Ein weiterer Aspekt, der für die Lokalisierung von Atlantis hilfreich ist, ist die Beschreibung des Meeres, an dessen Ufer Atlantis gelegen haben soll. Einerseits wird beschrieben, dass dieses Meer ursprünglich schiffbar war, nach dem Untergang von Atlantis jedoch nicht mehr befahren werden konnte. Dies wird an anderer Stelle durch die Ausführung bestätigt, dass der in geringer Tiefe befindliche Schlamm, den die untergegangene Insel zurückließ, hinderlich wurde. Wenn man den geringen Tiefgang der Schiffe bedenkt, ist ein Atlantis im Atlantik nicht denkbar. Hier wäre immer genug Wasser unter dem Kiel - genauso wie im Mittelmeer.

Wie wir eingangs dargestellt haben, führte das Einströmen von Salzwasser in den ursprünglichen Süßwassersee dazu, dass das gesamte Leben im Wasser fast schlagartig erlosch. Die Folgen sind heute noch erkennbar. So ist der Seeboden des gesamten Schwarzen Meeres mit einer ein bis zwei Meter dicken Schlammschicht überzogen, die aus abgestorbener Biomasse besteht. Gleichzeitig befindet sich eine Todeszone in einer Tiefe ab 130 Metern. Ab dieser Tiefe wird der Sauerstoffgehalt des Wassers so gering, dass Leben in der Regel nicht mehr möglich ist. Diese Todeszone hat früher höher gelegen und reichte anfänglich bis fast an die Oberfläche.

Aufgrund der riesigen Masse abgestorbener Lebewesen bei gleichzeitig fehlendem Sauerstoff haben sich Bakterien durchgesetzt, die keinen Sauerstoff benötigen. Die Eigenart dieser Bakterien ist es, als Ergebnis ihrer Abbauprozesse kein Kohlendioxid zu produzieren. Vielmehr produzieren diese Lebewesen Methan und Schwefelwasserstoff. Das Schwarze Meer ist ein Extrem unter den mit Schwefelwasserstoff verseuchten Gewässern.

Folgende Gefahren drohen Schiffern und Fischern im Pontos: Methan und Schwefelwasserstoff sind für den Menschen giftig. Ein Schiff, das unglücklicherweise von einer aufsteigenden Gasblase getroffen wird, verliert seine Mannschaft und fährt womöglich als Geisterschiff weiter. Diese Folge ist aber noch das günstigste Szenario, da die Vermischung von Wasser mit Gas dazu führt, dass die relative Dichte des Wassers abnimmt, so dass seine Tragfähigkeit gegen Null geht. Im Falle einer

Kollision mit einer aufsteigenden Gasblase würde ein Schiff sofort wie ein Stein sinken. Aufgrund des hohen Drucks sowie der Kälte in der Tiefsee des Schwarzen Meeres (Tiefe bis zu 2.000 Meter) sind die oben genannten Elemente auf dem Grund des Meeres nicht in gasförmigem, sondern in flüssigem Aggregatzustand zu finden.

Sobald sich eine solche Blase vom Boden löst und anfängt aufzusteigen, ändert sich ihr Aggregatzustand von flüssig in gasförmig. Dies führt - ebenso wie der beim Aufstieg abnehmende Druck - zu einer unglaublichen Vergrößerung und gleichzeitig zu einer horizontalen und vertikalen Streuung. Diese Kombination von Detonation und Kontamination war für die Schifffahrt hinderlich. Gleichzeitig dürften die Beobachter begriffen haben, dass diese aufsteigenden Blasen Folge des abgelagerten Schlamms sind, der sich bis an die Küstenlinie zieht. Die Argonautensage dürfte denn auch der Mythos von der Wiederentdeckung des Schwarzen Meeres (Pontos Euxeinos = gastliches Meer) als schiffbares Meer sein, das zuvor noch Pontos Axeinos (unwirtliches Meer) genannt und auch wohl mit Recht als Totes Meer bezeichnet wurde.

Der bis 706 Meter tiefe Malawisee in Afrika ist ähnlich tückisch für Fischer und Schiffer wie der Pontos es war. Dieser 1859 von LIVINGSTONE entdeckte See liegt im Njassagraben, einem Teil des Ostafrikanischen Grabensystems. Auch hier bilden sich am Seeboden hochgiftige Gaskonzentrationen, die von Zeit zu Zeit aufsteigen und den See regelrecht explodieren lassen. Gegenwärtig versucht man zum Schutze der Anwohner, diese Gase abzusaugen und am unkontrollierten Aufsteigen zu hindern, denn verschiedene Anzeichen deuten darauf hin, dass eine weitere gewaltsame Eruption bevorsteht.

In der Atlantissage wird das atlantische Meer als "wahres Meer" bezeichnet, was sich unseres Erachtens auf die Größe des Meeres bezieht. Das Meer innerhalb des Eingangs (Propontis = Marmarameer; bisher in aller Regel als Mittelmeer interpretiert) sei lediglich ein Hafen mit einer engen Einfahrt (Dardanellen/Hellespont). Jenes atlantische Meer (Schwarzes Meer) sei dagegen wirklich ein Meer gewesen - was bei den gegebenen Größenverhältnissen zutrifft. Das es umgebende Land wäre mit dem vollsten Rechte ein Festland zu nennen - was man von Eurasien ganz sicher behaupten kann. Diese topographische Konstellation ist unseres Wissens bisher noch nicht so gesehen worden.

An das Meer schließe sich eine Ebene an, Meer und Ebene seien von Bergen umgeben. Insgesamt sei die ganze Gegend vom Meere aus sehr hoch und steil. Das die Stadt umschließende Land sei dagegen durchgängig eine von Meer und Bergen rings umschlossene gleichmäßige Ebene gewesen. Diese Ebene habe eine Größe von 3.000 Stadien in der Breite (555 Kilometer West-Ost) und 2.000 Stadien in der Tiefe (370 Kilometer Nord-Süd) gehabt und sei nach Süden hin abfallend gewesen. Gen Norden sei diese Fläche durch Berge vor Nordwind geschützt gewesen. In diesen Bergen habe es reiche Ortschaften gegeben.

Wenn man das Schwarze Meer auf einer Reliefkarte betrachtet, stellt man fest, dass es weitgehend von Bergen umschlossenen ist. Insbesondere im Süden, Osten und Westen finden sich hohe Bergkämme. Auch im Nordwesten finden sich Berge, nämlich die Karpaten, die sich dem stetigen Nordwestwind in der Region in den Weg stellen. Damit wären das umgebende Festland (Asien und Europa) und auch die nordwestlichen Bergregionen identifiziert. Das Zentrum der atlantischen Ebene, von der in der Sage gesprochen wird, ist weitgehend versunken. Ein sehr großes Gebiet im Nordwesten und das Asowsche Meer im Nordosten bildeten ursprünglich ein geschlossenes Gelände mit der Krim.

Überträgt man die oben dargestellte Größe von 555 mal 370 Kilometern auf eine Landkarte, kommt man zu dem Ergebnis, dass die Gegend von den Karpaten bis zum Kaukasus in West-Ost Richtung sowie die Gegend von Dnjepropetrowsk im Norden bis hin zur Abbruchkante des Schwarzen Meeres bei etwa 100 Metern Tiefe im Süden genau diese Fläche abdecken würde. Bei Dnjepropetrowsk wurden - wie auch an der Südseite des Kaspischen Meeres - Übergangsbildungen von Gentil- zu ethnischen Gemeinschaften sowie aufwändige Friedhofsbestattungen aus dem Mesolithikum gefunden.

Selbstverständlich ist diese Ebene in Richtung Süden zum alten Schwarzmeer-Süßwassersee hin abfallend, wie dies auch in der Atlantissage beschrieben wird. Den Größenangaben sollte aber - auch wenn sie hier passen - unseres Erachtens keine zu große Bedeutung beigemessen werden; denn diese Information wurde von PLATO wohl mit der kriegerischen Verfassung und den Angaben zur militärischen Stärke abgestimmt und war auch abhängig von der Verlässlichkeit der Umrechnung der alten in neue Längenmaße.

Während die Ebene vom einströmenden Wasser zu einem großen Teil überflutet wurde, sind die Berge nicht versunken und müssen daher heute noch sichtbar sein. Ein Versinken ganzer Berge in überschaubarer Zeit ist geologisch unmöglich; auch ist ausdrücklich überliefert, dass die "äußerste" Provinz Gadeiros nicht versunken ist. Diese Berge sollen im Norden viele reiche Ortschaften hervorgebracht haben, mit denen Atlantis Handelsbeziehungen unterhielt. In den Bergen selbst soll es Flüsse, Seen und Wiesen sowie alle Arten von Holz gegeben haben.

Mit dieser Beschreibung ist unseres Erachtens die Starcevo-Körös-Cris Kultur gemeint, soweit diese ab ca. 6.200 vor Christus schon in Siebenbürgen existierte und 5.500 vor Christus von atlantischen Flüchtlingen (Vinca) verdrängt bzw. ergänzt wurde. Es gibt mehrere Indizien dafür, dass die Starcevo-Körös-Cris Kultur zum atlantischen Einflussgebiet gehörte. Im Grunde werden hier die Karpaten mit Siebenbürgen als Hochfläche und gleichzeitig als natürliche Festung sehr gut beschrieben. Viele wesentliche Rohstoffe für Atlantis (Obsidian, Gold, Silber, Kupfer, Holz, Salz) kamen von dort und machten die Atlanter zu wohlhabenden Händlern und Produzenten. So war denn gegen Ende hin die Provinz Gadeiros in der Gegend des heutigen Bukarest das wirtschaftliche Zentrum von Atlantis, weshalb die Berge im Norden wahrgenommen wurden, obwohl sie aus Sicht der „Insel" - des politischen und religiösen Zentrums - im Nordwesten liegen.

Besonders auffälliges Kennzeichen dieser hier ansässigen Starcevo-Körös-Cris-Kultur sind die weiß-schwarz-roten Farbmarkierungen. Diese Farbkombination ist auch für Atlantis kennzeichnend. Die Bewohner haben demnach weiße, schwarze und rote Steine aus der "Insel" und der Umgebung gefördert und damit durch verschiedene Kombination der Farben Bauwerke errichtet. Weiterhin pflegte diese Kultur einen Stierkult, wie er auch in Atlantis praktiziert wurde. Schließlich haben wir bereits dargestellt, dass diese Region auch Einflüsse aus Asien übernommen hat (Hirse, Schweine, Keramik). Hierfür war Atlantis die Drehscheibe. Es liegt nahe, dass diese Kultur mit Atlantis in ständigem Austausch stand. Auch die Bedeutung des "gegenüber liegenden Festlands" wird klar - hierbei handelt es sich um Anatolien (Blick von Norden nach Süden).

Das karpatische Becken wird seit jeher von Geten (= König Gadeiros) besiedelt und auch der größte vorgeschichtliche Goldschatz bei Varna an der Schwarzmeerküste Bulgariens ist ein deutliches Indiz: Die in der Zeit der Grablegung begehrten Pferde fehlen, weil sie zu Zeiten Atlantis noch nicht domestiziert waren. Dafür gibt es ab 5.500 vor Christus eine ausgeprägte einheitliche Schrift ohne Vorlauf auf dem Balkan, deren Herkunft nur mit Atlantis zu erklären ist. Auch spielen in dieser Kultur Opferaltäre eine große Rolle. Das typische Stieropfer ist auch in der Atlantissage überliefert.

Die Insel und die Wirtschaftsweise

Nachdem nun das Umfeld geklärt ist, in dem sich die Atlantische Ebene (als Reste sind die Dobrudscha und die Walachei übrig geblieben) und die Atlantischen Berge (Karpaten) befanden, wollen wir uns die Verhältnisse im Zentrum von Atlantis ansehen. Zunächst einmal muss hier das Verhältnis von "Atlantis" und "Insel" geklärt werden. In aller Regel stellt man sich vor, dass Atlantis insgesamt eine Insel (bzw. ein Kontinent) gewesen ist, die (bzw. der) dann vollständig im Meer versunken ist. Dies kann nicht stimmen. Durchaus plausibel hingegen ist die Möglichkeit, dass eine Ebene in einer Senke (Tiefebene) von steigendem Wasser überflutet wurde. Dies ist nachweislich mehrfach geschehen, nicht nur an Nord- und Ostsee, sondern auf der ganzen Welt. Allerdings passierte es nur im Schwarzen Meer (1) in relativ junger Vergangenheit (2) vor den Augen einer zivilisierten Menschheit und (3) in so kurzer Zeit (und damit unübersehbar). Normalerweise stieg der Wasserspiegel der Meere maximal um 30 Zentimeter, also nicht wahrnehmbar, in einer Generation, hier allerdings um 100 Meter in einem Jahr. Das (4) Eigenartige an dieser Flut muss für die Menschen damals gewesen sein, dass sie nicht mehr zurückging und endgültig ihr Siedlungsgebiet verschlang.

So wird denn der Begriff Insel in der Atlantissage auch widersprüchlich verwendet. Eingangs bezeichnet der Begriff Insel Atlantis insgesamt. Später jedoch wird dieser Begriff reduziert. In der Mitte der Ebene soll sich nämlich eine Insel befinden. Diese liegt nach der Überlieferung etwa 10 Kilometer landeinwärts. Es handelt sich um einen "allseits niedrigen Berg" von etwa einem Kilometer Durchmesser, der allseits von Wasser umflossen wird. Diese Insel, die auch die Regierung und das Zentralheiligtum beherbergte, wurde von zwei Erdgürteln umgeben. Zur Lösung dieses Rätsels darf man in Anlehnung an ZANGGER feststellen, dass in Ägypten der Begriff "Insel" eine doppelte Bedeutung hatte, nämlich "Insel" und "fremdes Land". Folgerichtig wird der Begriff Insel in der Überlieferung auch doppeldeutig verwendet, um das Gesamtgebiet von Atlantis wie auch die eigentliche Insel in der Ebene zu beschreiben. Die Beschreibung eines Teils als Statthalter für das Ganze ist auch heute noch ein gängiges Stilmittel ("pars pro toto"). Untergegangen ist jedoch nicht das gesamte fremde Land, sondern nur Teile davon, insbesondere das Zentrum der

Macht, die "Insel der Zivilisation" oder der "Garten in Eden" und die inneren Provinzen.

Ein interessanter Aspekt ist die Frage, wie die "Insel in der Ebene" entstanden sein könnte. Zunächst ist für die Ebene überliefert, dass sie hügelig war. Als der Wasserspiegel des Schwarzen Meeres sank, wurde der Seeboden freigelegt. Aufgrund der nordwestlichen Winde bildeten sich mit der Zeit Dünen, die sich auch heute noch mit einem Echolot ausmachen lassen, da sie bei der Überflutung regelrecht konserviert wurden. Aus der Schilderung kann man aber fast ausschließen, dass die Insel eine *Düne* war. Dagegen spricht, dass Steine aus der Insel geschlagen wurden.

Eine weitere Variante wäre, dass es sich um einen *Siedlungshügel* handelte. Diese Siedlungshügel (je nach Region Tell, Tepe oder Höyük genannt) entstehen durch die längere Besiedlung eines Ortes. Als Beispiel haben wir eingangs Göbekli Tepe genannt - einen Versammlungsort von Jägern und Sammlern, deren Aktivität einen Hügel von 15 Metern Höhe und 300 Metern Durchmesser hinterließ. Es ist zwar wahrscheinlich, dass sich an der Stelle der Insel ein solcher Siedlungshügel befand, der durch das regelmäßige Treffen von nomadisierenden Jägern und halbaneignenden Landwirten über Jahrtausende hinweg entstanden sein könnte, bis eine Gruppe diesen befestigte und dort sesshaft wurde. Diese Variante fügt sich nahtlos in die archäologischen Befunde und in die mythologische Entstehungsgeschichte von Atlantis ein. Allerdings scheint uns der Hügel in der überlieferten Größe (ein Kilometer Durchmesser) selbst für einen sehr alten Versammlungsplatz zu groß zu sein.

Thorethisch könnte es sich auch um eine *Erdpyramide* gehandelt haben, wie man sie von den Kahokia-Mounds am Mississippi-Missouri-Zusammenfluss kennt – mitsamt Herrscherwohnsitz auf dem obersten Plateau, allerdings in einer Rundform. Das politische Konzept wäre jedenfalls identisch.

Diese drei Varianten erklären jedoch nicht die Quellen, die diesem Hügel entsprungen sein sollen. So spricht die Überlieferung auch dafür, dass die Insel insgesamt felsig war. Das sagenhafte Bergerz "Oreichalkos" wurde möglicherweise direkt aus der Insel geschlagen. Ebenso wurden auf der Insel und in der Umgebung weiße, rote und schwarze Steine zum Bau von Türmen, Befestigungen und anderen steinernen Bauwerken entnommen und durch diesen Einschlag künstliche überdachte Häfen gebildet. Wir sind daher gezwungen, einer vierten Variante Raum zu geben: Bei dem Hügel könnte es sich auch um einen zwischenzeitlich durch Erosion abgetragenen erloschenen Vulkankegel oder einen vulkanischen *"Hot Spot"* handeln.

Dafür sprechen auch die felsige Gestalt, das schwarze Gestein, das mögliche Vorkommen von Obsidian (Vulkanglas) und das Erdbeben als Auslöser des Untergangs. Ein Hot Spot ist eine tief im Erdmantel eingeschlossene Magmablase. Das Magma steigt in Schüben auf, wobei es in der Regel nicht zu explosiven Ausbrüchen kommt. Diese "Vulkane" sind schildförmig, d.h. breit und flach. Insbesondere in einem solchen Fall wäre das Vorkommen von Obsidian wahrscheinlich; Obsidian entsteht nämlich durch das rasche Erkalten von Lava. Da die Austrocknung des Schwarzen Meeres erst ab 12.500 vor Christus begann, hätte sich das aus großer Tiefe stammende heiße Magma des Hot Spot zur Zeit des Ausbruchs in das Wasser des Schwarzen Meeres ergossen, was sicherlich eine schnelle Abkühlung und damit das Vorkommen von Obsidian bewirkt hätte.

Andererseits wurde aber gerade dieses Bergerz, welches wir als Obsidian identifiziert haben, nach der Überlieferung an vielen Stellen der Insel ausgegraben. Dies könnte sich - wenn man die äußerste Ausdehnung von Atlantis zum Ende hin betrachtet - auf die Vulkaninsel Melos, den Vulkanberg Hasan Dag und Vorkommen im vulkanischen Teil der Karpaten bezogen haben. Dort gibt es überall auch heiße Quellen, so dass diese Elemente vermischt worden sein können.

In der versunkenen Ebene ist grundsätzlich jedoch nicht mit vulkanischer Aktivität zu rechnen. Erdgeschichtlich gleicht die Gegend mehr der norddeutschen Tiefebene, die einschließlich der Nordsee als Bestandteil des Kontinentalsockels mehrfach überflutet und wieder freigelegt wurde. Daher stammen auch die rumänischen Öl-, Gas-, Salz- und Kupfervorkommen in der Region, die zum Urozean Thetys gehörte. Entsprechend haben wir uns für die fünfte Variante eines *Buntsandsteinfelsens* entschieden, wie sie in ähnlicher Form SPANUTH mit dem Buntsandsteinhorst Helgoland vorgetragen hat.

Ebenfalls bezeichnend für Atlantis ist die Beschreibung, wonach die gesamte Ebene von Flüssen und Kanälen durchzogen war. Nach PLATO handelt es sich hierbei um eine rechteckige Struktur, die sowohl dem Transport von Waren als auch der Bewässerung der Felder diente. Wenn man der Beschreibung von PLATO folgt, taucht ein physikalisches Problem auf: Einen Kanal, der in der beschriebenen Form die Ebene "umschloss", kann es nicht gegeben haben. PLATO selbst sagt, dass die Ebene nach Süden hin abfallend verlief. Der Kanal hätte im Norden eine ganz außerordentliche Tiefe erreichen müssen. Die Erklärung mit einer Speisung durch Flüsse ist die einzig mögliche Variante, um das beschriebene Bild zu erklären. Dieses Bild wird auch durch die Atlantissage bestätigt, wonach der Kanal das Wasser der von den Bergen heranströmenden Flüsse aufnahm.

Eine solche Stadt muss auf den Besucher einen großen Eindruck gemacht haben; schon für Venedig, das keinen Berg in der Mitte aufzuweisen hat, gibt es das geflügelte Wort "Sehen und Sterben". Auch Tenochtitlán als Vorläufer von Mexico-City auf einer Insel im See von Azteken erbaut, hatte eine faszinierende Wirkung auf Cortez und seine Spießgesellen.

Es lässt sich durchaus nachvollziehen, wie es zu dieser Beschreibung kam. Dazu ist die Überlieferung auf ihren Kern zu reduzieren, nämlich einerseits darauf, dass die Ebene von großen Kanälen/Flüssen umflossen wurde, von denen sich zwei bei der Insel Atlantis von beiden Seiten her trafen und dann vereinigt ins Meer flossen. Andererseits ist die Ebene vor allem zu Bewässerungszwecken von Kanälen durchzogen gewesen. Wenn man sich die Unterwasser-Topographie im nordwestlichen Schwarzmeerschelf ansieht, erkennt man, dass Dnjestr, Bug und Dnjepr sich vor dem Zusammenfluss in das ursprüngliche Schwarze Meer vereinigten. Südwestlich davon floss die Donau ebenfalls zum Schwarzen Meer. Der "Super-Dnjestr-Bug-Dnjepr" bildete ein großes Delta mit verschiedenen Hauptarmen, wie das Nildelta oder das heutige Donaudelta. Bei diesem "Aquitanien" lag das Zentrum von Atlantis. Dies erklärt auch die Beschreibung, wonach die ganze Ebene von einem großen Kanal umflossen wurde und von Kanälen durchzogen war.

Gleichzeitig gab es nach Auskunft der Sage eine Bewässerungsland-wirtschaft. Auch dies ist sehr wahrscheinlich. In Jericho waren aus früherer Zeit bereits einfache Bewässerungsanlagen festgestellt worden. Die Ebene von Atlantis bildete eine perfekte Grundlage zur Entwicklung der Bewässerungswirtschaft. Im Gegensatz zu Ägypten oder Mesopotamien war nämlich ein Regenfeldbau auf dem reichen Lössböden, dessen Existenz durch Bodenproben nachgewiesen ist, durchaus ergiebig. So war es möglich, dass sich zunächst Menschen auch ohne Kenntnisse der Bewässerungswirtschaft dort niederlassen und Ackerbau betreiben konnten. In der Folge konnten sie Infrastruk-turen aufbauen und mit der neuen Methode experimentieren. Gleich-zeitig war bei diesen Flüssen im Gegensatz zu den Strömen in

Mesopotamien nicht mit so unregelmäßigen Überschwemmungen zu rechnen. Insgesamt war der Wasserfluss aus Nord- und Westeuropa stabiler und berechenbarer.

Schließlich existierte in Atlantis eine Herrschaft, die in der Lage war, eine solche Bewässerungswirtschaft zu organisieren und wirksam zu schützen. Insofern ist es sogar wahrscheinlich, dass die Menschen mit der Zeit die Bewässerungswirtschaft in dieser Region als stabilisierenden Ertragsfaktor entwickelten und so das Bild einer von Kanälen durchzogenen Landschaft prägten.

Wie stand es um die wirtschaftliche Grundlage von Atlantis? Zunächst ist auf das Klima abzustellen, das in dieser Senke besser als im Umfeld war. Es gab genügend Regenfälle und fließende Gewässer für eine Landwirtschaft. Das noch relativ warme Klima in der Senke erlaubte unter Nutzung der verlässlichen Flüsse, des Lössbodens und des Süßwassersees nicht nur eine Bewässerungswirtschaft, sondern auch zwei Ernten. Hierbei ist aber wohl nicht von zwei vollen Getreideernten auszugehen. Die Kombination von Getreide mit Hülsenfrüchten oder Hackfrüchten war aber ohne weiteres möglich und auch geboten, um der Auslaugung der Böden entgegenzuwirken. Fischfang und Jagd waren stabile zusätzliche Ernährungsgrundlagen.

Zuwanderungen in die Ebene, die unseres Erachtens erst später auch als Paradies, Elysion oder Garten Eden bezeichnet wurde, sowie eine stabile Ordnung und Versorgungslage konnten zu einem stetigen Bevölkerungswachstum führen. Der daraus resultierende Bevölkerungsdruck konnte dank der zunehmenden Bewaldung Europas durch die Ausbreitung entlang der großen Flüsse kompensiert werden. Gleichzeitig sind Ackerbau und Domestizierung von Tieren grundlegende Voraussetzungen für eine größere Bevölkerungsdichte, so dass es angesichts der relativ intensiven Bewirtschaftung und des Fischreichtums möglich war, eine große Bevölkerung zu ernähren. Die Wanderung der Bevölkerung nach der Flut, die sich auch in Sprache und Genen bis nach Vorderindien und Nordeuropa niederschlägt, zeugt von der relativ großen Bevölkerungszahl, die hier geherrscht haben muss, um Flutvertriebene bis in solch entfernte Regionen gelangen zu lassen.

Gleichzeitig war Atlantis eine Handelsmetropole, was in der Sage vielfach angesprochen wird. Auf der Basis der bisherigen Funde darf man einen regen Handel vermuten. Nach unserer Meinung existierten bereits Schrift und Zahlungsmittel in rudimentärer Form. Die Schrift wurde von den Flüchtlingen - Vinca auf dem Balkan und Ägypter im Nildelta - fortgeführt und auch von den Sumerern - auf welchen Umwegen auch immer - nach Mesopotamien gebracht. Der tatsächliche Transfer von Technologie aufgrund von Handelsbeziehungen aus Asien nach Anatolien und auf den Balkan deutet auf das versunkene Bindeglied hin. Auch der rege Verkehr mit Anatolien und zwischen Griechenland und dem Balkan ist unübersehbar. Atlantis war in jeder Hinsicht der entscheidende Dreh- und Angelpunkt für See- und Flusstransport mit Einbäumen und Flößen.

Schließlich ist zu berücksichtigen, dass dieses Atlantis sich in eine Tradition megalithischer Kreisstrukturen in der Region einreiht, beginnend bei den Steinkreisen der jungen Altsteinzeit um 10.000 vor Christus und gefolgt von Hunderten von Kreisanlagen in Europa, Labyrinthen in Anatolien und beiden Erscheinungsformen in Ägypten.

Ein weiterer Aspekt, der für Atlantis überliefert ist, ist das Vorkommen besagter Elefanten. Unseres Erachtens handelt es sich hier um ein äußerst wichtiges und ernst zu nehmendes Detail. Ein stabiles Element sowohl in der Überlieferung von Mund zu Mund als auch in der Überlieferung durch eine einfache Wortschrift sind Bilder. Diese Bilder sind tragende Strukturen der Erzählung, während dazwischen liegende Informationen lediglich Füllstoff sind und sich mit der Zeit verändern. So ist es nicht verwunderlich, dass es in Atlantis angeblich alle bekannten Tiere, Pflanzen und Technologien gab. Diese wurden sicherlich zu einem großen Teil nachträglich erdichtet, zum Beispiel Streitwagen und Pferde. Wenn aber Elefanten ausdrücklich erwähnt werden, zudem besonders hervorgehoben wird, dass es dort in Atlantis Elefanten gab, dies nochmals durch eine ausgiebige Beschreibung ihrer Gefräßigkeit bestätigt wird und später durch die Nennung von Elfenbein wieder aufgegriffen wird, ist dies ein aus unserer Sicht tragender Aspekt der Atlantissage.

Wenn Atlantis eine reine Erfindung PLATOs wäre, also nur eine Parabel, um die Politiker seiner Heimatstadt Athen vor Fehlern zu bewahren, könnten dann solche „gefräßigen Elefanten", Obsidian als „zweitwertvollster Stoff" und ähnliche einem damaligen Griechen völlig fremde Details in diese Fiktion einer großen versunkenen Zivilisation eingeflossen sein?

Zu berücksichtigen ist, dass bis 6.200 vor Christus eine Warmzeit herrschte, die durch deutlich höhere Temperaturen und stärkere Niederschläge gekennzeichnet war. Die Gegend von Indien bis in die

Schwarzmeerebene hinein war bewaldet und es gab eine nutzbare Landbrücke von Indien bis in die Region hinein, da die Verbindung zwischen Vorderasien und Vorderindien noch nicht wie heute gewüstet war. Während die Mammuts um etwa 10.000 vor Christus ausgestorben bzw. ausgerottet sind, war in dieser späteren Zeit das Gebiet von Indien bis nach Vorderasien und bis in die Schwarzmeersenke hinein natürliches Ausbreitungsgebiet der indischen Elefanten. Noch der Pharao Thutmosis III erlegte schriftlicher Überlieferung zufolge im 15. Jahrhundert vor Christus 120 Elefanten in Syrien. Endgültig verschwunden ist der Elefant in Syrien erst im 8. Jahrhundert vor Christus. So waren Elefanten für die ägyptischen Priester, die die Atlantisüberlieferung bewahrten, kein überraschendes Element - wohl aber für die Griechen, die dieses Detail übernehmen mussten, niemals aber selbst erfunden hätten.

Dass indische Elefanten in großer Zahl zur Landplage werden können, hat sich jüngst erst wieder in Indien selbst gezeigt, wo Elefantenherden in den vergangenen Jahren mehrere Dörfer rund um die Provinzhauptstadt Bhubaneshwar verwüstet haben. Die Dickhäuter konnten sich im Chandaka-Schutzgebiet ungehemmt entfalten, um von dort aus in die Nachbarschaft einzufallen. Griechen mögen aus Erzählungen heraus in der Lage gewesen sein, Elefanten zur Sage hinzuzufügen. Sie hatten aber keine Vorstellung von der Gefräßigkeit dieser Tiere.

Das Bergerz Oreichalkos

Ein weiteres wichtiges Element aus der Atlantissage ist das von den späteren Griechen so genannte Oreichalkos. Dieses Bergerz wurde bisher zumeist als Kupfer oder Messing angesehen. Hier stellt sich wie beim Atlantik oder dem Atlasgebirge die Frage: Wurde der Begriff nicht erst später mit dieser Bedeutung belegt? Messing ist für den von uns betrachteten Zeitraum jedenfalls ausgeschlossen, weil es eine Legierung ist, die unter Hinzusetzung von Zink entsteht. Dieses war im Mesolithikum aber noch nicht genutzt worden, so wie auch Messingfunde aus der Zeit nicht existieren. Gleiches gilt für Bronze: Der Zusatzstoff Zinn war noch nicht gefunden und Bronzefunde aus der Zeit sind auch nicht nachgewiesen. Kupfer, Gold und Silber kommen nicht in Frage, weil sie in der Sage in Abgrenzung zu Oreichalkos ausdrücklich genannt sind. Archäologisch ist gesichert, dass diese Metalle zu jener fraglichen Zeit auch schon verwendet und verhüttet wurden!

Unter Oreichalkos wurden zwischenzeitlich die verschiedensten Stoffe verstanden. Chalkos für sich bedeutet "purpurfarben", hier wird wieder Bezug auf den rötlichen Glanz von Kupfer genommen. Zur Zeit der Erzählung der Sage war Oreichalkos aber nur noch dem Namen nach bekannt. Von den bisher angeführten Stoffen erfüllt keiner die Anforderungen, die in der Atlantissage aufgestellt werden. Die besonderen Eigenschaften sind die folgenden:

- Der Stoff wird durch Bergbau direkt aus der Erde gewonnen, ohne dass weitere Umformungsprozesse (zum Beispiel Verhüttung, Legierung, Einschmelzen) erforderlich sind.
- Der Stoff wird in Atlantis direkt aus der "Insel" gegraben, was immer das topographisch heißen mag.
- Zur Zeit der Erzählung der Sage war dieser Stoff nur noch dem Namen nach bekannt.
- Zu der Zeit, als Atlantis existierte, war dieses Material das nach Gold am höchsten geschätzte (zweitwertvollste) und dementsprechend mehr als Silber und Kupfer begehrt und verbreitet.
- Das Material war wie Feuer glänzend.
- Ein Befestigungsring von Atlantis war mit diesem Material überzogen, ebenso wie die Wände, Säulen und Fußböden im Hauptheiligtum.
- Im Hauptheiligtum existierte eine Säule aus diesem "Bergerz", auf der die atlantische Verfassung aufgezeichnet war.

Unseres Erachtens handelt es sich bei diesem Stoff um Obsidian, also um ein Mineral, nicht um Erz. Obsidian ist ein kieselsäurereiches glasiges Gestein, das an Stellen vulkanischer Aktivität durch Erkalten der Lava entsteht. Hierbei handelt es sich um eine Art farbiges, häufig schwarzes Glas. Selbsterklärend sind keine chemischen Umformungsprozesse nach dem Abbau von Obsidian mehr erforderlich und waren damals nicht möglich. Die Beschreibung, wonach der Stoff wie Feuer glänzend war, trifft auf den Obsidian zu. So wurden in vorderasiatischen Kulturen und in Ägypten zum Beispiel aus Obsidian gefertigte Spiegel gefunden. Als Überzug auf einer Oberfläche glänzt das Material wie eine Glasscheibe in der Sonne feurig. Im heutigen Schmuckhandel wird der schwarze Obsidian (jet-black) auch als Regenbogen-Obsidian bezeichnet, weil sich das Licht an seinen Kanten in die Spektralfarben zerlegt.

Auch ist eine größere Säule aus Obsidian durchaus denkbar. Wir haben bereits darauf verwiesen, dass in Jericho aus der betreffenden Zeit eine Stele aus Vulkangestein gefunden wurde, so dass es durchaus plausibel ist, dass in Atlantis eine Stele aus Obsidian existiert hat. Obsidian zum Beispiel aus der Türkei ist heute noch ein beliebter kunstgewerblicher Werkstoff für Modeschmuck.

Man könnte zu der Annahme verleitet werden, dass die zentrale Insel in Atlantis eine Art "ruhender Hot Spot" ist, in dem Obsidian vorkommt. Tatsächlich ist die gesamte geologische Formation im nordwestlichen Schwarzmeer jedoch eindeutig nicht vulkanisch. Die einzige Insel, die wir finden konnten, ist die Schlangeninsel 40 Kilometer vor dem heutigen Donaudelta, ein circa 18 Hektar großer Buntsandsteinhorst. Die Grundlagen für einen Obsidianabbau waren im Einflussbereich von Atlantis durch die übrigen Fundstätten in Melos, Anatolien und vor allem in den Karpaten auf jeden Fall gegeben. Wir sind zu dem Ergebnis gekommen, dass die Überlieferung des Atlas-Gebirges (Karpaten) und der Atlantis-Insel (Schlangeninsel) vermischt wurde, so dass von Obsidian und Quellen auf der Insel die Rede ist, wobei doch eigentlich das „fremde Land" gemeint ist.

Was den Obsidian von allen bisher mit Oreichalkos in Zusammenhang gebrachten Stoffen unterscheidet ist die Tatsache, dass dieses Material in der Tat eine Blütezeit erlebte und danach in die Bedeutungslosigkeit verfiel. Der Obsidian spielte auch in anderen Kulturräumen (Japan, Mexiko), die von dem eurasischen Kulturraum völlig getrennt sind, zeitweise eine wichtige Rolle. Für den Steinzeitmenschen dürfte das Auffinden von Glas mit besonderen Eigenschaften (Schärfe der Kanten, leichte Bearbeitbarkeit, Spiegelung, feuriger Glanz) sehr wertvoll gewesen sein.

So tritt der Obsidian schon bei sehr alten Fundstätten in Erscheinung. Hierbei spielt er vor allem in Form von (kultischen) Dolchen und Klingen sowie Schmuck eine große Rolle, möglicherweise weil er als Vulkanlava direkt der Unterwelt entspringt. Einen praktischen Nutzen hatte der Obsidian wohl auch, da er so leicht wie zum Beispiel Feuerstein zu verarbeiten war. Mit Obsidianklingen wurden auch die massenhaften Menschenopfer in Tenochitlán auf den Pyramiden (Herausschneiden des Herzens) bewerkstelligt. Obsidianklingen werden heute noch von Wüstensöhnen zur Beschneidung und anderen kleinen Operationen verwendet, immer dann, wenn zur Sterilisation von Instrumenten keine Gelegenheit besteht.

Die weite Verbreitung dieses Bergerzes und die Wertschätzung, die ihm entgegen gebracht wurde, sind gewichtige Aspekte, um der Sage gerecht zu werden. Zunächst muss man feststellen, dass nach den Forschungsberichten der Archäologie der Obsidian in der betrachteten Zeit bis 5.500 vor Christus regelmäßig auftritt, so zum Beispiel in Mesopotamien, in Ägypten, in Palästina, in Anatolien, auf dem Balkan sowie in Griechenland. Weiterhin ist festzustellen, dass dieses Material in vielen Fällen über Strecken von 400 bis 500 Kilometern gehandelt wurde. In einem frühneolithischen Rahmen spricht dies sehr dafür, dass der Stoff als Schmuck und Werkzeug sehr wertvoll war. Insofern sehen wir die Voraussetzungen der weiten Verbreitung und der Wertschätzung als erfüllt an.

Der Wortbestandteil "Erz" hat wohl zu der Fehldeutung "Messing" beigetragen, weil "metallhaltige Minerale" heute Erze genannt werden. Früher umfasste der Begriff Erz alle Mineralien, nicht nur die metallhaltigen, denn ein Metallgehalt in der Steinzeit war definitonsgemäß weder feststellbar, noch wichtig, noch nützlich, außer bei den gegen Ende hin aufkommenden Metallen Gold, Silber und Kupfer, die aber überwiegend Schmuckzwecken dienten. Der Obsidian spielte in der Mittelsteinzeit von Atlantis offensichtlich die gleiche Rolle wie der Jadestein danach in der Jungsteinzeit. Vor allem in China und Birma wurde der Jadestein (auch als Jadeit, Nephrit) als Glück bringender Lebensstein in Form von Schmuckäxten und Grabbeigaben genutzt.

Wir nehmen nach alledem an, dass der Obsidian ein frühes Zahlungsmittel war. Damit wird ein fehlendes Glied in eine Reihe von Beobachtungen eingefügt, die allesamt dafür sprechen, dass der Handel im Frühneolithikum deutlich komplexer und auch ausgefeilter war, als man bisher vermutete. Nach unserer Meinung ist der Obsidian nicht ausschließlich die gehandelte Ware. Der Obsidian ist ein Tauschmittel, das aufgrund seiner Haltbarkeit heute noch in der Lage ist, frühere Handelsbeziehungen zu reflektieren. Die Haltbarkeit ist gleichzeitig für ein Stoffgeld ein wichtiges Kriterium. Ein weiteres ist die generelle Akzeptanz. Allein schon aufgrund der weiten Verbreitung und Wertschätzung darf die Akzeptanz dieses früheren Zahlungsmittels vermutet werden. Eine dritte wichtige Funktion von Zahlungsmitteln ist die Nutzung als Rechen- und Bewertungsmittel. Die Möglichkeit, ein Zahlungsmittel stückeln zu können (Teilbarkeit), erhöht seine Funktionalität deutlich. Der Tausch mit unterschiedlich großen Klingen hätte als Stückelung in diesen jungsteinzeitlichen Agrar- und Handelsgesellschaften wohl ausgereicht.

Der Obsidian dürfte eher durch täglichen Gebrauch (Übung) als nach Plan im Mesolithikum Geldfunktion erlangt haben. Ähnlich wie in Japan oder Mexiko hat er wohl ursprünglich neben dem praktischen

Nutzen einen eher immateriellen oder kultischen Charakter gehabt. Diese verbreitete Wertschätzung hat zusammen mit der Eignung als Zahlungsmittel dazu geführt, dass sich dieses Material mit der Zeit als Tauschmittel durchsetzen konnte und so neben dem Gold existierte (als zweitwertvollster Stoff vor Silber und Kupfer). Im Laufe der Zeit kam es zu einem wirtschaftlichen Aufschwung, dem Entstehen neuer Technologien und einem zunehmenden Handel über kurze und lange Distanzen. Aufgrund dieser zunehmenden Wirtschaftskraft war es auch möglich, ständig neuen Obsidian in Umlauf zu bringen, ohne gegen die Knappheitsregel für Geld zu verstoßen. Bei wachsendem Handelsvolumen führte die Vermehrung nicht zu einem Verfall des Wertes.

Gleichzeitig dürfte der Obsidian eine erhebliche wertschöpfende Funktion für diejenigen gehabt haben, die über entsprechende Quellen verfügten: Der Obsidian-Bergbau von Melos, Anatolien und in den Karpaten war eine echte "Geldquelle". Archäologen haben festgestellt, dass in Anatolien durch eigene Bergbausiedlungen Obsidian systematisch und nachhaltig abgebaut wurde. Es ist kaum vorstellbar, dass die Vormacht Atlantis sich eine Rohstoffquelle wie diese oder diejenige auf Melos entgehen ließ. Somit wäre die Bedeutung des zweitwertvollsten Handelsgegenstandes erklärt. Die Rangfolge war also wohl etwa:

1. Gold
2. Obsidian(-Geld)
3. Silber
4. Kupfer
5. Feuerstein (Flint)
6. …

Die Nutzung des Obsidians als Zahlungsmittel erklärt aber auch gleichzeitig, weshalb er nach der Flut in die Bedeutungslosigkeit versank und vom knapperen (kostbareren) Jadestein abgelöst wurde, so dass der Priester in Ägypten den Obsidian nur noch dem Namen nach kannte. In Europa wurde der Obsidian *5.500 vor Christus* mit den Linearbandkeramikern insbesondere durch die Spondylus-Muscheln abgelöst.

Die Sintflut vernichtete nämlich das damalige wirtschaftliche Zentrum Atlantis mit seinem pulsierenden Handel. Auch die landwirtschaftlich genutzten Flächen am Schwarzen Meer wurden überflutet. Der Fischfang wurde vorübergehend erheblich eingeschränkt, weil die Süßwasserfische im Schwarzen Meer starben und Brackwasser- bzw. Salzwasserfisch-Populationen nicht so schnell entstehen konnten. Anfangs dürfte die heute noch ab einer Tiefe von 130 Metern existierende sauerstofflose Todeszone bis an die Oberfläche gereicht haben: Der frühere Süßwassersee war biologisch „umgekippt". Die Handelsbeziehungen brachen zusammen. Die Auflösung einer bis dahin nicht gekannten Bevölkerungskonzentration und einer Kapitale vernichteten die letzten verbliebenen Produktionsgrundlagen, und die so ausgelösten Wanderungsbewegungen führten zu Konflikten mit den angestammten Völkern in den Randgebieten des Pontos.

Mit dem Zusammenbruch der produktiven Basis des atlantischen Gemeinwesens und des Fernhandels verlor aber auch der Obsidian seine Bedeutung. Obsidian war nicht mehr in der Lage, den Wert bestimmter Güter darzustellen. Das völlige Missverhältnis zwischen gesamtwirtschaftlicher Produktion bzw. Handelsvolumen auf der einen Seite und dem umlaufenden Obsidian auf der anderen Seite führte vielleicht sogar zu der ersten "Inflation" der menschlichen Geschichte. Das Emissionsmonopol war zusammengebrochen und damit auch die Geldmengensteuerung. Der Obsidian taugte nicht einmal mehr als Brennmaterial und wurde vom zweiten Rangplatz verdrängt.

Dass Obsidian in der Steinzeit eine wichtige Rolle spielte, ist unbestritten; ebenso unbestritten ist, dass Eisenzeitmenschen schon keine Vorstellung mehr davon hatten - außer für Schmuckzwecke. Mit dem Wechsel von der Steinzeit zur Bronze- und Eisenzeit ging der ursprüngliche Begriff des "Chalkos" verloren; es handelte sich wohl um den Begriff "Bergstein", der dann mit dem in der Metallzeit wichtigeren Begriff "Bergerz" neu besetzt wurde.

Interaktionen mit Griechen und Ägyptern

Ein zentrales Element der Sage ist der Angriff von Atlantis auf Griechenland und Ägypten. Der ägyptische Priester berichtet, dass die athenischen Griechen einen Sieg gegen die Atlanter erringen konnten und dass der Kampf endgültig erst durch den Untergang von Atlantis entschieden wurde. In diesem Krieg seien Atlantis' Kräfte vom "atlantischen" Meere her übermütig gegen ganz Europa und Asien gezogen. Üblicherweise wird dies so ausgelegt, dass die Heerscharen von Atlantis vom Atlantik kommend in den Krieg gegen Europa und Asien zogen. Aus diesem Grunde wird Atlantis gelegentlich auch mit dem Auftreten der Seevölker um 1.240 vor Christus in Verbindung gebracht. Diese Auslegung kommt unseres Erachtens nicht in Frage. Der Untergang von Atlantis in so relativ junger Zeit hätte nicht zu einer

Sage, sondern zur direkten Überlieferung geführt - wie es etwa beim Homerischen Troja der Fall ist.

Die Lösung zu diesem Problem liefert die Atlantissage selbst. Zunächst einmal beschreibt der ägyptische Priester dem SOLON, dass die Bewohner der ägyptischen Stadt Sais mit den Bürgern von Athen gewissermaßen verwandt sind. Gleichzeitig sei ihre Göttin Neith dieselbe Göttin wie Athene. Betrachtet man den Zeitrahmen, der hier in Rede steht, kann man vermuten, dass sich die Aussage des ägyptischen Priesters auf *gemeinsame Vorfahren von Ägyptern und Griechen in Vorderasien* bezieht. Tatsächlich ist es so, dass die herrschenden Schichten in Ägypten aus dem Norden, also aus Syrien, Palästina und Anatolien eingewandert sind. Gleichzeitig unterlag das heutige Griechenland der vorderasiatischen Kulturdrift.

Wie wir bereits festgestellt haben, stammt die Göttin Athene, auf die sich die Atlantissage ausdrücklich bezieht, (auch) von Kreta. Es liegt damit auf der Hand, dass sie ganz ursprünglich aus Anatolien stammt - so wie auch die Göttin Neith des ägyptischen Priesters, die mit Athene identisch ist. Athene ist wohl auch eine Fortentwicklung der Großen Göttin des Mesolithikums. Auch ihr Suffix "-ene" (bzw. „ena") deutet auf eine Herkunft aus Anatolien oder der Urbevölkerung des heutigen Griechenlands - sie hat nichts mit den einwandernden Protogriechen aus Osteuropa zu tun. Schließlich ist sie auch Schutzgöttin von Troja in Anatolien - gegen die Griechen!

Diese Theorie, wonach der Angriff gegen Griechenland und Ägypten eigentlich ein Krieg gegen Anatolien ist, wird von der Atlantissage ausdrücklich unterstützt. Der ägyptische Priester führt zum Verhältnis zwischen Griechen und Ägyptern aus: *"Ferner ist auch die Art der Rüstung mit Schild und Speer dieselbe, deren wir unter den Bewohnern Asiens zuerst uns bedienten, indem die Göttin sie uns, wie euch in dortiger Gegend zuerst, lehrte."*

An anderer Stelle heißt es (über die Griechen): *"Da sie selbst so wacker waren und in solcher, so ziemlich sich gleich bleibenden Weise gerecht ihr eigenes Vaterland (*) und Hellas (**) verwalteten, erwarben sie sich durch körperliche Schönheit und die allseitigen Vorzüge ihres Geistes durch ganz Europa und Asien (***) einen Ruf und waren unter allen damals Lebenden die gepriesensten".*

*   Westanatolien
**   Tyrrhenien: Das heutige Griechenland
***   Afrika spielt noch keine Rolle, Ägypter sehen sich in Asien!

Beide Stellen beziehen sich auf griechische (und ägyptische) Vorfahren in Vorderasien. Demnach ist der beschriebene Krieg ein Angriff von Atlantis (nördlich des damaligen Schwarzen Meeres) gegen den südlichen Schwarzmeerraum, vertreten durch griechische Vorfahren in Westanatolien und ägyptische Vorfahren in Zentralanatolien, Syrien und Palästina.

Das Imperium in voller Größe

Aufgrund dieser Feststellungen sind wir in der Lage, Atlantis räumlich einzuordnen. Demnach lag das Kernland von Atlantis im Bereich nördlich des früheren Ufers des Schwarzen Meeres zwischen Kaukasus und Karpaten und damit zwischen Don und Donau. Den Bereich des Kaukasus hat Atlantis nach Osten wohl nie überschritten. Dagegen spricht einerseits die Prometheussage als Abgrenzungselement, andererseits ist das Kaukasische ein eigenständiger Sprachraum.

Nach Westen hin dürften der Balkan und das gesamte Donaugebiet (mit der Großen und der Kleinen Walachei) im Einflussbereich von Atlantis gelegen haben. Gemäß der überlieferten Sage gab es hier ebenfalls enge Handelsbeziehungen, was auch unseren Feststellungen bezüglich der Karpaten/Siebenbürgen entspricht. Unseres Erachtens gab es eine asiatisch/vorderindische Kulturdrift nicht nur nach Anatolien, sondern über das Bindeglied Atlantis auch in das Donaugebiet hinein. Die karpatische Hochfläche sowie die Donau-Tiefebene (Siedlungsgebiet der Geten, Atlasgebirge, Garten der Hesperiden, zweiter, besonders hervorgehobener König Gadeiros) spielten eine besondere Rolle. Es handelte sich wohl um die große, reiche und fortschrittliche Provinz - ein wirtschaftliches Gegengewicht zur „Insel" von Atlantis, dem politischen und religiösen Machtzentrum.

Wenn die Karpaten das ursprüngliche Atlas-Gebirge sind, dann ist das umschlossene Hochland Siebenbürgen der „Garten der Hesperiden" der Atlantistöchter - von denen es nach einigen Überlieferungen ja auch sieben gegeben hat, so wie es ja auch sieben Plejaden/Atlantiden gab. Der Name Siebenbürgen stammt jedenfalls nicht von „Burgen" oder „Bergen", möglicherweise aber von Regionen ab.

Sowohl PITMAN/RYAN (1999) wie auch HAARMANN wundern sich, weil sie bei ihren Recherchen insbesondere auf die lebendigen Flutüberlieferungen in Balladen und Liedern aus Siebenbürgen/Transsylvanien gestoßen sind - wo man doch so hoch über dem Meer Flutüberlieferungen gar nicht erwarten würde! Nach PORUCIUC zeigt sich *„in einer scheinbar paradoxen Weise, dass, je weiter vom Meer entfernt solche Lieder entstanden sind, deren Flutsymbolismus umso stärker ist"*. Wir meinen, dieses Paradoxon auflösen zu können: Hier lebten doch Flutflüchtlinge von Atlantis!

Das heutige Griechenland (einschließlich des Peloponnes und der Kykladen) ist mit der Zeit unter den Einfluss von Atlantis geraten. Die Sage berichtet davon, dass Atlantis seinen Herrschaftsbereich von Europa (donauländische Kulturen) bis nach Tyrrhenien ausdehnte. Tyrrhener sind identisch mit den Pelasgern, die bis etwa 2.000 vor Christus die griechische Halbinsel bewohnten. Das Tyrrhenische Meer befindet sich heute westlich von Italien, was daraus resultiert, dass die Tyrrhener bzw. Pelasger bereits die italienische Halbinsel kolonisierten. Es ist unwahrscheinlich, dass sich der atlantische Herrschaftsbereich auch bis nach Italien ausdehnte und ohne Bedeutung, da Italien zu der Zeit bestenfalls eine Provinz am Rande der Welt war.

Offensichtlich hat Atlantis in dieser Struktur einige Zeit überdauert. Schließlich überquerten die atlantischen Krieger aber den Bosporus und das Schwarze Meer, um Anatolien von der Land- und Wasserseite zugleich anzugreifen. Die Gründe hierfür liegen auf der Hand: Westanatolien beherbergte reiche Vorkommen an Gold, das zu der Zeit der wertvollste Stoff war. In Zentralanatolien wurde der Obsidian abgebaut. Obwohl die Obsidianvorkommen in Atlantis (Karpaten) wie auch in der tyrrhenischen Provinz auf der Vulkaninsel Melos noch nicht abgebaut waren, machte ein Krieg gegen Zentralanatolien wirtschaftlich durchaus Sinn, um die Kontrolle über die dortige Obsidianproduktion und den Handel zu erlangen und so das Geldmonopol zu sichern. Gleichzeitig hätte ein Sieg von Atlantis über Anatolien im Rahmen des damaligen Betrachtungshorizontes sicherlich die "Weltherrschaft" bedeutet. Wenn man das übliche und auch ausdrücklich überlieferte Verhalten von Vormächten auf Atlantis anwendet, hat dieser Krieg seine innere Logik. Nach der Überlieferung war Atlantis aber nicht in der Lage, Anatolien vollständig zu erobern – Westanatolien blieb unabhängig.

Zentralanatolien wurde hingegen unterworfen - und damit der ungehinderte Zugang zu den Kupfer- und Obsidianstätten um den Vansee erzwungen. Wahrscheinlich wurden auch Syrien und Palästina unterworfen. Ob der Einflussbereich auch bis in das heutige Ägypten reichte, kann derzeit nicht geklärt werden, da etwaige Spuren im Nildelta heute tief in der Erde begraben sind. Insgesamt dürfte das Interesse am Niltal in dieser Zeit allerdings genauso gering gewesen sein wie im Falle des Zweistromlandes. Einiges spricht dafür, dass die letzte Siedlungsphase von Jericho ab 5.630 vor Christus atlantisch geprägt war. Die gefundene Säule aus vulkanischem Gestein erinnert an die Gesetzesstele im Zentralheiligtum in Atlantis. Die auffälligen lebensgroßen Statuen und Nachbildungen von Personen sind auch für Atlantis beschrieben. Sie mögen als Vorbild für spätere ägyptische Standbilder gedient haben.

Die Tatsache, dass sich die Könige nur alle fünf oder sechs Jahre im Wechsel trafen, spricht dafür, dass das Staatsgebiet von Atlantis gegen Ende hin tatsächlich recht groß war. Bei den Wikingern wurde in der Blüte der Macht und Expansion von Russland bis Amerika das „Blutfest" alle neun Jahre gefeiert.

Die Provinzen

Zur Bestätigung der hier getroffenen Feststellungen möchten wir das letzte große Versatzstück einfügen, dessen Struktur und innere Logik unsere Feststellungen nochmals unterstreicht. Eine große Bedeutung legt PLATO den Namen der Herrscherfamilien von Atlantis bei. Diese Namen wurden von SOLON in das Griechische übertragen, wobei dieser sich bemühte, die eigentliche Bedeutung zu erhalten. Dies, wie auch die Aufzählung der ersten Könige spricht dafür, dass die überlieferten Namen einen Sinn übermitteln sollen. Von den Königen Atlas (1) und Gadeiros (2) ist zudem überliefert, dass ihre Namen gleichzeitig die Region beschrieben, in der diese Könige regierten. Es steht zu vermuten, dass auch den Namen der übrigen Könige - die ja sorgfältig und wohl abgewogen überliefert sind - eine Bedeutung zukommt. Wir haben die Bedeutung der einzelnen Namen zu ermitteln versucht und möchten die so vermittelten "Bilder" nun vorstellen, ebenso wie die Logik, die der Anzahl von genau zehn Königen (fünf Zwillingspaaren) wie auch der Reihenfolge ihrer Aufzählung zugrunde liegt.

Vorab möchten wir aber noch folgendes anmerken. SOLON ging davon aus, dass er die Namen der "barbarischen" Atlanter in einen neuen Sprachraum übertrug und ihnen so "hellenische" Namen gab. Dies ist - wie wir heute wissen - nicht richtig. Eigentlich hat SOLON diese

Namen - ohne es zu ahnen - in ihre ursprüngliche Stammsprache zurückübersetzt; aber nur Namen mit sinnfälliger Bedeutung können in eine andere Sprache übersetzt werden, zum Beispiel Schwarzerd (griech. Melanchthon), Müller (lat. Molitor), Krämer (lat. Mercator), nicht aber Raboisen oder Tappe oder Dransch. Es kann durchaus sein, dass sich in Ägypten noch ein Sprachstamm erhalten hat, der sich in Nordeuropa wiederfindet. Aber auch bei der Rückübersetzung lediglich von "Bildern" ohne phonetische Komponente könnten diese Begriffe zu ihrem alten Wortstamm zurückgefunden haben. Die zur Verfügung stehende Stichprobe von zehn Begriffen ist leider sehr gering; dennoch sollte man darauf vorbereitet sein, auch Ähnlichkeiten in der Aussprache vorzufinden, die nicht zufällig entstanden sind.

Der erste König ist *Atlas* (1), den wir mit "Himmelsträger" übersetzen. Wir sind bereits vielfach darauf eingegangen, dass dieser im Rahmen eines pontozentrischen Weltbildes ebenso wie die "Säulen des Herakles" im westlichen Schwarzmeerraum zu suchen ist. Intuitiv ist es durchaus nachvollziehbar, dass das politische, kulturelle und religiöse Zentrum, das nach der Überlieferung auch durch Türme und eine zentrale Lage in der Ebene gekennzeichnet war, auch schon über astronomische Kenntnisse verfügte. Atlas soll als erster das Geheimnis der Sphäre gelüftet haben, was durch die Verbreitung von Sonnenobservatorien nach der Flut indirekt bestätigt wird.

Das alte Weltbild der Ägypter sowie der Griechen propagierte eine "stele boreios", eine "Nordsäule", die wir mit den Karpaten identifiziert haben. Diese Interpretation ist unseres Erachtens erst später entstanden, als sich die von dem Zentrum "abgeschnittenen" Provinzen verselbstständigten und über den neuen Gott Zeus, der Atlas und seine Brüder strafte, ihrer Historie entledigten. Die Himmelssäule wie auch die späteren überlieferten Hinweise auf Atlanter beziehen sich auf eine Flüchtlingsgruppe westlich des Donaudeltas.

Der zweite König ist *Eumelos* (2). Dieser König, der in der Sage noch relativ ausführlich beschrieben ist, wird auch als *Gadeiros* bezeichnet, der von den Säulen des Herakles bis in die gadeirische Region regierte. Dies soll die "äußerste" Region gewesen sein. Wir haben bereits darauf hingewiesen, dass Eumelos, "der, der reich an Schafen ist" einen Bezug zu den "Äpfeln (Schafen) der Hesperiden" hat und damit in der Donauebene zu finden wäre. Dort siedelten zu Zeiten von SOLON, HERODOT und PLATO die Geten, weshalb die Provinz nach der Überlieferung in der Landessprache auch die gadeirische Provinz genannt wird. Diese atlantische Provinz ist in etwa mit dem späteren

Thrakien (Ostbalkan) identisch. Die Flüchtlinge aus der Ebene konnten hier nicht ohne weiteres siedeln, da die Provinz die Flut unbeschadet überstanden und damit nichts an Kampfkraft eingebüsst hatte. Sie hielt wahrscheinlich auch Teile des heutigen Griechenlands besetzt. Daher mussten die Flüchtlinge durch das Eiserne Tor der Donau bis zum heutigen Belgrad ausweichen, wo sie die früheste und prägnanteste europäische Hochkultur der Vinca errichteten.

Diese Provinz hatte für die vorzeitlichen Griechen und Ägypter (in Anatolien) eine besondere Bedeutung, da sie die Landverbindung zwischen Asien und Europa am heutigen Bosporus kontrollierte und damit je nach Lage der Dinge erster Handelspartner oder direkter Kriegsgegner war. Schließlich dürfte es diese Provinz gewesen sein, die sich im Namen von Atlantis bis nach Tyrrhenien (heutiges Griechenland) hinein ausdehnte und dieses besetzt hielt. Insofern ist es auch erklärlich, dass Gadeiros noch recht ausführlich dargestellt wird, während uns von den anderen Regionen nur die Namen mitgeteilt werden. Die von PLATO unabhängen Hinweise auf Atlantis bei HERODOT, den Argonauten des APOLLONIUS VON RHODCS und DIODORUS SICULUS (Amazonen) deuten auf diesen verbliebenen "atlantischen Rest".

Wir vermuten, dass die Karpaten mit Siebenbürgen zwar der wichtigste Rohstofflieferant waren, aber nicht direkt der Provinzherrschaft des Gadeiros unterstanden. Allerdings kontrollierte Eumelos am Unterlauf des Alt und der Donau sämtliche Transporte nach und von Atlantis. Die Donau war die Hauptversorgungslinie von Atlantis-Stadt. Alle Güter aus der Hauptprovinz konnten direkt bis ins Handelszentrum verschifft werden.

Für die weiteren drei Könige *Ampheres* (3) ("Rundumträger"), *Euaimon* (4) ("Heiterer") und *Mneseus* (5) ("Reicher") ist in der weiteren Logik der Ausführungen festzuhalten: Nachdem die "Zentrale Insel" und die größte westliche Provinz beschrieben sind, wendet sich PLATO wieder der Ebene zu. Diese Ebene wird durch zwei Flüsse geteilt, nämlich durch die aus Nordwesten kommende Donau und einen aus Nordosten kommenden "Super-Dnjepr", der sich vorher mit Dnjestr und Bug vereinigt hat. Durch diese zwei Ströme wird die "inselnahe" Ebene (auch bei der Umgebung von Paris spricht man von der „Ile de France") in drei Teile geteilt, die jeweils von einem der oben dargestellten Könige regiert werden. So hilft uns die Bedeutung dieser Namen nicht weiter, da die Ebene mit diesen inneren Provinzen vollständig versunken ist. Dafür wissen wir aber auch, warum eine topographische Zuordnung dieser Namen nicht gelingen kann; alle zugehörigen Landmarken sind untergegangen; Toponyme können nicht mehr weiterhelfen.

Anders verhält es sich mit den weiteren fünf Königen/Regionen. Nachdem die zentrale Insel, die westliche größte Provinz und die Ebene mit drei Königsnamen benannt sind, wendet sich die Sage der Peripherie zu. Hierbei handelt es sich um die Regionen, die entlang der fünf großen Flüsse aus dem Norden wie "Speichen" entstanden sind. Wir haben bereits ausgeführt, dass Atlantis als Handelsnation sehr auf die Ströme ausgerichtet war. Die Flüsse waren die frühen Fahrstraßen der Menschheit und Atlantis war der Nutznießer an den Verkehrsknotenpunkten. Flöße und Einbäume stellten die einzig sinnvolle Möglichkeit dar, Güter über längere Strecken zu transportieren. Daher ist es auch wahrscheinlich, dass Atlantis einen großen Handelshafen hatte - aber eben nicht für hochseetaugliche Schiffe, sondern für einfache Flussgefährte und die Küstenschifffahrt rund um das Schwarze Meer.

Gleichzeitig breitete sich Atlantis nach dem Wegfall der Zwischeneiszeit um 5.800 vor Christus und der nachfolgenden raschen Belaubung Nordeuropas schnell in den Lössbodenregionen in der Nähe der Ströme aus, womit natürlich auch die negativen Auswirkungen eines raschen Bevölkerungswachstums abgefedert werden konnten. Diese Peripherie von Atlantis ist nicht untergegangen und kann daher auch hydronomisch lokalisiert werden:

König/Region	Bedeutung	Fluss (altgriechisch)	
(6) Autochthon	"Eingeborener"	Donau	(Ister)
(7) Elasippos	"Streitross"	Don	(Tanais)
(8) Mestor	"Satter"	Dnjestr	(Tyras)
(9) Azaes	"Dürrer"	Bug	(Hypanis)
(10) Diaprepes	"Prachtentfalter"	Dnjepr	(Borysthenes)

PLATO wählt eine Reihenfolge, die intuitiv einleuchtend ist: Zunächst die Begrenzung im Westen durch die Donau, dann die Begrenzung im Osten durch den Don und schließlich die drei mittleren Flüsse von West nach Ost bzw. links nach rechts. Somit ist die logische Struktur der Aufzählung der insgesamt zehn Könige auch topographisch noch nachvollziehbar und schlüssig. Statistisch gesehen gibt es 120 unterschiedliche Möglichkeiten (fünf Fakultät), eine Reihenfolge festzulegen; nicht viele davon wären so wie diese auf den ersten Blick sinnvoll.

Nicht unerwartet tritt auch eine lautliche Übereinstimmung der letzten Könige mit den heute noch gebräuchlichen Flussnamen zutage:

Mestor	Dnjestr
Diaprepes	Dnjepr
Autoch**thon**	**Don**au

Dort wo es keine lautliche Übereinstimmung gibt, ist die inhaltliche Aussage des vermittelten Bildes einleuchtend: Elasippos ("Streitross") bezeichnet die Don-Region; es entspricht der leidvollen Erfahrung nicht nur der Mitteleuropäer, sondern auch der Ägypter und Griechen, dass Streitross und auch Streitwagen aus der Region Don/Kaukasus stammen. So ergibt sich ein bildlicher Bezug zu der beschriebenen Region. Eine lautliche Übereinstimmung war nicht zu erwarten, weil dieser Begriff erst später entwickelt wurde: Pferde wurden erst nach dem Untergang von Atlantis domestiziert, so dass später der Name des Flusses oder der Region gegen einen bildlichen Bezug getauscht wurde. Damit kann es eine lautliche Übereinstimmung in diesem Fall nicht geben, da der ursprüngliche Name keinen Bezug zum Streitpferd gehabt haben kann.

Ähnlich dürfte es dem Bug ergangen sein, der als kleinster der nordeuropäischen Zuflüsse im Vergleich tatsächlich ein "Dürrer" ist, während der Dnjestr von der Größe her schon ein "Satter" war. Der Dnjepr, der aus Nordosten kommend noch den Bug und den Dnjestr aufnahm, bevor er bei Atlantis in das Schwarze Meer mündete, war hingegen schon zu Zeiten Atlantis mit seinem Delta ein echter "Prachtentfalter".

Auch der inhaltliche Bezug von "Eingeborener" und Donau ist offensichtlich: Wie wir herausgearbeitet haben und wie es zudem in der Atlantissage beschrieben ist, gab es in den nördlichen Bergen reiche Ortschaften. Im gesamten Donaubereich vom Balkan bis nach Süddeutschland und sogar bis in die Schweiz hinein gab es neben den Jägern und Sammlern steinzeitliche Bauern, die im Bereich der Balkan-Halbinsel als Starcevo-Körös-Cris-Kultur archäologisch nachgewiesen sind. Diese Siedler gehörten ursprünglich eben nicht zu Atlantis, sondern waren "alteingesessen". Dies ist auch eine Besonderheit im Gegensatz zu den übrigen Flüssen, bei denen sich aufgrund der Zwischeneiszeit und der fehlenden Belaubung vor Atlantis keine eigenständigen sesshaften Kulturen entwickelt hatten. Auch die Provinz Gadeiros bzw. Eumelos kann erst mit der Zeit in den Verbund aufgenommen worden sein. Gerade die Auseinandersetzung mit diesen Eingeborenen wird den Namen geprägt haben.

Im Rahmen der Ausführungen zur Mythologie haben wir dargestellt, dass der konservativen Lesart der Griechen folgend der Titan Iapetos, nicht der Meergott Poseidon, Gründervater von Atlantis ist. Wir können davon ausgehen, dass die Generation der olympischen Götter - dazu zählt Poseidon - erst nach dem Fall des atlantischen Imperiums in Abgrenzung zu den "verderbten" Atlantern entstanden ist: Das Ursprungsgebiet von Atlantis ging unter, die äußeren Provinzen bestanden jedoch weiterhin. Insgesamt aber verfiel das Machtgefüge. PLATO brach den Dialog vorzeitig ab, weil er den Hintergrund erkannte; entweder war der Gründervater von Atlantis falsch übertragen worden oder wurde gar von PLATO selbst verfälscht, um die wahren Verhältnisse zwischen Griechen und Atlantern, also den "Bruderkrieg", zu verschleiern.

Iapetos hatte vier Söhne: Atlas, Prometheus, Menoitios und Epimetheus. Wie aber kann es sein, dass hier nur vier "Könige" überliefert werden, in der Atlantissage hingegen zehn? Die Atlantissage ist südlich des Schwarzen Meeres aufgezeichnet worden. Sie bezieht sich auf das voll entfaltete Imperium, das eben die zehn genannten Provinzen umfasste. Die in Griechenland überlieferte Sage ist jedoch das Selbstbild der Atlanter. Es ist historisch gesehen unmöglich, dass ein solcher Staat aus dem "Nichts" mit zehn großen Provinzen startet. Der Kern selbst, die Hauptstadt von Atlantis, lag in der Ebene im nordwestlichen Schwarzmeer. So gab es anfänglich wohl nur vier Könige: Atlas, den Herrscher der "Insel" sowie die Herrscher der drei Provinzen, die sich aus der Teilung der Ebene durch zwei Flüsse ergaben. Erst später erfolgte die Ausbreitung durch Eroberung von Europa, Tyrrhenien und Anatolien sowie ein Wachstum neuer Provinzen entlang der fünf großen Zuflüsse.

Insofern sollten sich die neben Atlas existierenden Brüder auf die Könige der Ebene überleiten lassen. Dies erklärt auch, weshalb Hesperos in der griechischen Mythologie teilweise als Bruder und teilweise als Sohn des Atlas gesehen wird: Er war mit seinem Reich erst später Atlantis beigetreten oder von diesem unterworfen worden. Für die Überlebenden in den "Fluss-Speichen" war dies das Kernland von Atlantis, ein hochentwickeltes, tributforderndes Ungeheuer, das durch die Flut gestraft und später tabuisiert wurde.

Atlantissage	Griechische Mythologie	
Atlas	Atlas	"Himmelsträger"
Ampheres	Prometheus	"Rundumträger"
Euaimon	Epimetheus	"Heiterer"
Mneseus	Menoitios	"Reicher"
(Eumelos	Hesperos	"Westlicher")

In Abgrenzung zu diesem verderbten und in den Untergang gestürzten Zentrum wandten sich die Provinzen, in denen das Leben weiterging, dem Lichtgott Zeus zu und "erfanden" sich Hellen, den Vater der Hellenen. Im Sinne einer ex-post Rationalisierung und Tabuisierung "strafte" Zeus die Söhne des Iapetos: *Atlas* wurde verurteilt, das Himmelsgewölbe zu tragen. Wie wir anhand der Quelle des HERODOT herausarbeiten konnten, tat er dies in den Karpaten. Die Himmelssäule im Norden ist keine massive Säule, sondern trägt den Himmel als kreisförmiges Gebirge immer noch. *Prometheus* wurde für 30.000 Jahre an den Kaukasus gekettet und gequält. *Menoitios* wurde von Zeus in die Unterwelt verstoßen. Lediglich *Epimetheus* kam glimpflich davon, abgesehen davon, dass er die von Zeus geschaffene Pandora heiratete und mit ihrer Mitgift - der Büchse der Pandora - das Unheil über die Welt brachte. Zeus war nach der Flut der neue Gott der Hellenen.

Wir sind zwischenzeitlich überzeugt, dass SOLON und PLATO zwar nicht in der Lage waren, Atlantis zu lokalisieren, weil sie die Vorgänge um das Schwarze Meer herum nicht kannten (und die Flüsse zu dieser Zeit hellenische Namen trugen). Andererseits sind wir auch davon überzeugt, dass zu dieser Zeit Atlantis noch in Nord- bzw. Osteuropa eingeordnet wurde. Dafür spricht nicht zuletzt auch die kriegerische Auseinandersetzung zwischen Atlantern und Griechen/Ägyptern, die sich ja nach der Überlieferung in Asien abspielte. Erst zur Zeit der Römer, nachdem die "Dualität" der Säulen des Herakles untergegangen war, konnte Atlantis nicht mehr eingeordnet werden. So wie die Christen und Mohammedaner den real begründeten Mythos vom "Garten Eden" kurzerhand ins Jenseits versetzten, versetzten die etwas praktischer denkenden Römer den real begründeten Mythos von Atlantis ins "Jenseits" der Säulen des Herakles, in den unerforschten und geheimnisvollen Atlantik. Außer der vermeintlichen Lage der Säulen des Herakles spricht aber alles gegen eine solche Einordnung.

Zeitliche Einordnung

Auch bei der zeitlichen Einordnung von Atlantis sind viele Details sorgfältig abzuwägen. Zunächst einmal gibt es die offiziellen Angaben des ägyptischen Priesters SONCHIS, wonach sich der Krieg etwa 9.000 Jahre vor der Erzählung zugetragen haben soll. Hierbei ist allerdings zu beachten, dass die Ägypter über keine fortlaufende Zeitrechnung verfügten. Die Zeitrechnung basierte vielmehr auf den Regierungsjahren eines jeden Pharao. Mit der Einführung eines neuen Herrschers wurde die Zeitrechnung auf Null zurückgesetzt (altorientalische zyklische Zeitrechnung). Gleichwohl waren die Ägypter in der Lage, an Hand der Pharaonenlisten und ihrer jeweiligen Aera eine absolute Zeitrechnung zu erstellen. Diese Fähigkeit reicht allerdings nur bis etwa 3.000 vor Christus zurück. Alles davor war auch für die Ägypter nicht genau einzuordnen. Insofern ist die Zeitangabe von 9.000 Jahren nicht als Versuch einer exakten Zeitangabe zu sehen - dafür spricht auch die runde Zahl. Die mehr symbolhafte Zeitangabe deutet jedoch darauf hin, dass sich das Ereignis lange vor 3.000 vor Christus (vor der "dynastischen Zeitrechnung") ereignet hat.

Den Versuch, die Zeitrechnung um Rechenfehler zu bereinigen und damit "passend zu machen", wollen wir uns und unseren Lesern hier ersparen. Das Phänomen der Aufblähung von Zeitrechnungen und Lebensaltern bedeutender Personen ist ein bekanntes Problem. Unseres Erachtens ist der ägyptische Priester tatsächlich nicht in der Lage, den Zeitpunkt zu bestimmen. Dass die Ägypter den "griechischen Touristen" gerne einen Bären aufbanden, ist allgemein bekannt. Diese hatten sich dadurch unbeliebt gemacht, dass sie die mit Elektron geschmückten Sonnenstelen für die höchste Gottheit "Bratspieße" (Obelisken) nannten. Gleichwohl hat die Aussage des ägyptischen Priesters einen großen Wert. Bekanntermaßen unterhielt Ägypten ständig enge Beziehungen unter anderem nach Norden. Syrien und Palästina waren zeitweise ägyptische Einflussgebiete. Der enge Austausch zwischen Ägypten und Anatolien ist nachgewiesen. So wurde zum Beispiel die Orginalfassung des Friedensvertrages zwischen Ägypten und Hatti von 1.259 vor Christus gefunden.

Mit großem Interesse haben wir die Theorie des deutschen Archäologen ZANGGER verfolgt, wonach Atlantis mit Troja gleichzusetzen sei. Diese Theorie hat sicherlich einiges für sich, zumal sie bisher als einzige der Lösung des Atlantis-Rätsels räumlich und kulturell nahe gekommen ist - mit Hilfe der Hermeneutik auf Basis bisheriger wissenschaftlicher Erkenntnisse. ZANGGER kommt damit allerdings auf einen

Ort zurück, von dem schon SCHLIEMANN zeitweilig (mit absichtlich gefälschten Grabungsberichten) behauptete, Atlantis mit den typischen Kreisstrukturen gefunden zu haben - ein wenig bekanntes pikantes Detail aus SCHLIEMANNs Leben. Wäre jedoch Troja wirklich Atlantis gewesen, hätte der ägyptische Priester dies gesagt und das Jahr des Untergangs (1.184 vor Christus) durch das Regierungsjahr des entsprechenden Pharaos (Ramses III, 1.184-1.153 vor Christus) unterlegt. Die Tatsache, dass die Umgebung Ägyptens einer umfassenden Überwachung durch den Pharaonenstaat unterlag, spricht sehr dagegen, dass Atlantis nach 3.000 vor Christus sang- und klanglos untergegangen sein kann - die erste Dynastie reicht circa von 3.000 bis 2.600 vor Christus.

Außerdem weist SONCHIS darauf hin, dass sich der Sachverhalt auf asiatische Vorläufer der Griechen und Ägypter bezieht. Auch dies spricht dafür, dass der Untergang in die Zeit vor der Entstehung des Pharaonenreiches sowie auch der indoeuropäisch geprägten Hochkultur der Griechen fallen muss. Die Aussage des ägyptischen Priesters "und zum Greise bringt es kein Hellene!" zeugt von einer lang anhaltenden Beobachtung der Entwicklung auch in Griechenland - allerdings auch von der bekannten Prahlerei ägyptischer Schriftgelehrter vor neugierigen griechischen Besuchern.

Dafür, dass der Atlantissage eine mehr als dreitausendjährige Beobachtung zu Grunde liegt, spricht auch die Beschreibung der ökologischen Katastrophe, die sich in Anatolien und Griechenland zugetragen hat. Demnach habe die Fruchtbarkeit des damaligen Landes diejenige der restlichen Welt übertroffen. Beweis hierfür sei die Güte des verbliebenen Überrestes, der es noch heute mit allen anderen Ländern aufnehmen könne. Im Vergleich zu dem früheren Land sei das gegenwärtige wie ein durch Krankheit abgemagerter Körper und es seien nur noch Knochen übrig geblieben, indem die Erde, soweit sie ertragreich war, überall fortgeschleppt wurde und nur das magere Gerippe des Landes übrig blieb. Als die Erde noch unversehrt war, waren die Berge mit Erde bedeckt und daher gab es auch Wälder auf den Bergen, von denen jetzt nur noch Reste existieren. Auch habe die früher existierende Erde Wasser gespeichert, so dass noch reichhaltige Quellen und Flüsse existierten.

Was der ägyptische Priester SONCHIS hier beschreibt, ist die Umweltkatastrophe, die spätestens ab Beginn der Bronzezeit, wahrscheinlich aber auch schon sehr viel früher, die Landschaften in Griechenland und Anatolien geprägt hat. Dieses ökologische Desaster resultiert aus der neuen Wirtschaftsweise, bei der durch Wanderfeldbau, Brandrodung, Einschlag und Verbiss durch domestizierte Tiere die Wälder vernichtet wurden und die Erde der Erosion ausgeliefert wurde. Der Umschwung von einem fruchtbaren und bewaldeten Anatolien zu einem ausgemergelten Land vollzog sich jedoch nicht innerhalb von wenigen Jahren oder Jahrhunderten. Die Beobachtung dieser Entwicklung setzt voraus, dass bereits lange vor 3.000 vor Christus eine bewusste Wahrnehmung der Veränderungen erfolgte und schriftlich festgehalten wurde.

Allerdings gibt es auch Aspekte, die gegen eine so frühe Datierung sprechen. In der Sage, wie sie von PLATO überliefert wurde, werden Gegenstände angesprochen, die in der Steinzeit noch nicht in Gebrauch waren. Hierzu gehören insbesondere die Dreiruderer, Pferd und Wagen sowie die angesprochene Bewaffnung. Um 5.500 vor Christus gab es noch keine Schifffahrt, die in der Lage gewesen wäre, mit großen Schiffen sicher das Mittelmeer zu queren (Kielschiffe, Segeltechnik des Kreuzens). Der Dreiruderer ist ein Schiff, das insbesondere bei den Griechen im ersten Jahrtausend vor Christus in Mode kam. Möglicherweise gab es ähnliche Bauweisen bereits bei den Phöniziern gegen Ende des 2. Jahrtausends vor Christus. Die Nutzung der Pferde beginnt im 4. Jahrtausend vor Christus, wobei eine erste Nutzung bereits ab 4.500 vor Christus nachgewiesen ist. Die Nutzung von Wagen und Rad ist erst ab dem 3. Jahrtausend vor Christus belegt. Streitwagen, wie sie von der Atlantissage angesprochen werden, gibt es erst seit der Mitte des 2. Jahrtausends vor Christus; sie sind also wohl retrospektiv als Ausschmückung der Streitmacht eingefügt worden. PLATO wollte für seinen "Idealen Staat" den Stand der Krieger besonders hervorheben.

Unseres Erachtens kommt diesen Aspekten keine besondere Bedeutung zu. Das überlieferte Atlantis wurde künstlich auf den Entwicklungsstand von Griechenland gehoben. Gäbe es Hinweise darauf, dass Technologien genutzt wurden, die erst nach der Aufzeichnung in der Sage wieder entdeckt wurden, würde man dies sicherlich anderes beurteilen müssen. Solches "Geheimwissen" ist aber nicht überliefert, sondern nur später von Phantasten postuliert worden. PLATO hat die Sage einfach modernisiert, da er mit Steinbeilen und Einbäumen sicherlich nicht in der Lage gewesen wäre, eine so frühe Hochkultur interessant darzustellen. Weitgehend unbestritten ist, dass PLATO die überlieferten Daten und Fakten um Aspekte ergänzt hat, die seiner Ideologie vom idealen Staatswesen zuträglich waren.

Nach unserer Meinung kann die ursprüngliche Überlieferung nur einige wesentliche Aspekte über die Zeit gerettet haben, die sich auch bildlich darstellen oder vorstellen lassen. Auffällig ist doch, dass sich die zeitlich jüngeren Aspekte sämtlich auf Sachverhalte beziehen, die vornehmlich einen kriegerischen Bezug haben. Insgesamt erlauben wir uns daher, die oben dargestellten Details, die für eine bronze- oder eisenzeitliche Kultur sprechen würden, als Verfälschungen anzusehen. Es ist unwahrscheinlich, dass sich genaue Informationen über Bewaffnung, Mannschaftsstärken und kriegerische Verfassung über die Zeit gerettet haben, während Informationen über Lage und Zeitpunkt des Untergangs verloren gingen.

Die zeitliche Einordnung jenseits der gesicherten Geschichtsschreibung wird auch durch die Ausführungen im vorigen Kapitel unterstützt. Unseres Erachtens lassen sich die verschiedenen Mythen, Religionen und Sagen auf einen wesentlichen - immer gleich bleibenden - Kern zurückführen. Es besteht kein Zweifel daran, dass diese Überlieferungen sehr alt sind. In den verschiedenen Zeitrechnungen wurde die Sintflut bereits im 3. oder 4. Jahrtausend vor Christus angesiedelt. Wenn man diese Überlieferungen strukturell mit den archäologischen und klimatischen Feststellungen überlagert, stellt man fest, dass tatsächlich das Schwarze Meer in der Zeit vor 5.500 vor Christus eine Art fruchtbare Oase in einer rauhen Umwelt war. Insofern lässt sich auch anhand der kleinen Zwischeneiszeit von 6.200-5.800 vor Christus eine Datierung dieser Überlieferungen vornehmen.

Wenn man weiterhin den kulturellen Rahmen betrachtet, sollte man auch berücksichtigen, dass ab 5.000 vor Christus an Atlantis erinnernde Kreisanlagen in zunehmendem Maße vor allem in Alteuropa auftraten und dass sich in Anatolien der Mythos vom Minotauros und vom Labyrinth entwickelte. Schließlich passt auch der Turmbau zu Babel in dieses Bild, weil viele Menschen nach der Flut, insbesondere die an der dortigen Steilküste ansässigen und die durch Strömungen und stetigen Nordwestwind im Südosten angetriebenen, zunächst in Ostanatolien mangels Holz Ziegelsteinbauten errichteten, bevor diese Ansiedlung durch ein Erdbeben zerstört wurde und die Menschen noch einmal in alle Richtungen weiterzogen.

Schließlich lassen sich auch räumliche, wirtschaftliche und kulturelle Aspekte nicht völlig von der zeitlichen Betrachtung trennen. Bezüglich der kulturellen Aspekte sei insbesondere auf den Stierkult verwiesen, der zu der Zeit und in der Region von Anatolien bis zum Balkan verbreitet war. Auch die Existenz von Elefanten und das Vorhandensein bzw. die Nutzung von Obsidian enthält bereits eine zeitliche Komponente. Als einer der wirtschaftlichen Aspekte sei die Bewässerungslandwirtschaft genannt. Die Wahrscheinlichkeit, dass diese sich in der Region und gerade zu dieser Zeit besonders gut entwickelt hat, ist aufgrund der äußeren Umstände höchst wahrscheinlich. Der endgültige Schlüssel zum Auffinden von Atlantis ist jedoch immer noch die Flut selbst. Die beschriebene Flutkatastrophe der Schwarzmeersenke wird der Lesart gerecht, wonach das Land nicht vorübergehend überflutet wurde, sondern endgültig versank.

Die Überlieferung der Flutsage im Zusammenhang mit Erdbeben und Schallerscheinungen sowie Flutwellen auf der Insel Samothrake zeugt davon, dass Atlantis in einer tektonisch aktiven Umgebung zu suchen ist. Die Kombination der Lokalisierung dieser Flut zusammen mit ihrer Datierung ist der Schlüssel zum Öffnen des Tores, das den Blick auf Atlantis, das verlassene Paradies, freigibt.

Die Schlangeninsel

Die technischen Möglichkeiten, im Koordinatenfeld 30-33° östlicher Länge und 43-46° nördlicher Breite zu suchen, sind heute gegeben - und auch die Datierungsmöglichkeiten von Fundstücken, die aus der Zeit 5.510 vor Christus stammen. Die Frage ist nur - wo genau soll man suchen? Das Zentrum von Atlantis war nach der Überlieferung ein allseits niedriger Berg mit einem Durchmesser von umgerechnet einem Kilometer. Wir haben bereits erwähnt, dass wir den Zahlenangaben keine besondere Bedeutung beimessen. Andererseits haben die Größenangaben bei der Beschreibung der Ebene recht gut gepasst. Leider liegt uns keine genaue Karte über die Unterwasserstruktur des Schwarzen Meeres vor. Allerdings sind die versunkenen Flussläufe schon kartiert (PITMAN/RYAN 1997).

Der fragliche Meeresabschnitt war und ist militärisches Sperrgebiet der Sowjetunion beziehungsweise der Ukraine, so dass gerade hiervon keine genaueren Karten verfügbar sind. Wir haben aber die Vermutung, dass die sowjetisch-ukrainische Marine exakte Kenntnisse über das Bodenprofil besitzt und sicherlich Entdeckungen gemacht hat, die sie bisher nicht richtig einordnen konnte oder wollte.

Angenommen, der Berg hätte tatsächlich einen Durchmesser von einem Kilometer gehabt - wie hoch hätte er dann sein müssen, um nicht als "Erhebung" oder "Hügel", sondern tatsächlich als Berg in einer Ebene zu gelten? Wir meinen, dass die Höhe wenigstens circa 50 Meter betragen haben müsste, um den Proportionen gerecht zu werden.

Da die nordwestliche Senke eine Ebene ist, müsste dieser Berg auffallen, wenn man den Boden mit geeigneten Geräten abtastet. Die Ebene liegt heute nicht tiefer als 120 Meter unter Wasser, zum Rand hin sogar deutlich weniger. Andererseits nähren diese Proportionen auch den Verdacht, dass die alte so genannte "Insel" Atlantis heute eine Schwarzmeerinsel sein könnte. Daher haben wir uns auch nach Inseln im Schwarzen Meer umgesehen.

Eine Auswahl gab es nicht, da in der fraglichen Region überhaupt nur eine Insel existiert, nämlich die Schlangeninsel. Sie liegt ca. 40 Kilometer östlich des heutigen Donaudeltas vor Rumänien. Diese Insel gehörte früher als "Insula Serpilor" zu Rumänien. Wegen ihrer strategisch wichtigen Bedeutung (einschließlich Zugriff auf Erdöl und Erdgas) wurde sie im Zweiten Weltkrieg von der Sowjetunion okkupiert und in "Smeinyj Ostrow" - Insel der Schlangenbrut - übersetzt. Erst Mitte 2003 wurde der Insel-Konflikt zwischen Rumänien und der Ukraine vorläufig beigelegt; die Insel gehört heute nach dem Status-quo-Prinzip als "Ostrov Zmiinij" zur Ukraine.

Dass diese Insel militärisches Sperrgebiet ist, mag erklären, warum hier bisher noch keine Funde an die Öffentlichkeit gedrungen sind. Die große Halbinsel Krim ist seit langem Zielgebiet der Archäologen, der kleine Buntsandsteinhorst im Schwarzen Meer dagegen nicht.

Die hier beschriebene Schlangeninsel ist nicht zu verwechseln mit der gleichnamigen bulgarischen Insel im Reservat Arkutino an der Sumpfmündung des Ropotamo bei Burgas, auf der es aber trotz des abschreckenden Namens nur harmlose Würfelnattern und Kakteen gibt.

Die ukrainische Insel hat die Form eines Schmetterlings mit Einbuchtungen im Nordwesten und Südosten. Ihre größte Ausdehnung beträgt 600 Meter, die Fläche circa 18 Hektar (180.000 Quadratmeter). Die Nordwestbucht ist durch das anströmende Donauwasser erodiert, ebenso die Südostbucht durch den Sogeffekt des die Insel umströmenden Mündungswassers. Legt man die ursprüngliche Grösse einer runden Insel von 600 Metern Durchmesser ohne Buchten zu Grunde, kommt man auf eine Fläche von 28 Hektar. Unter Berücksichtigung der Tatsache, dass der Wasserspiegel nach der Flutung noch um weitere 15 Meter gestiegen ist, lässt sich erahnen, dass es hier eine von einem Fluss „umströmte" Insel „fern an der Ströme Mündung" gab.

Die Schlangeninsel überragt das Meer heute um 40 Meter. Zusammen mit der Tauchtiefe bis zum Fuß der Insel von 15 Metern ergibt sich eine Gesamthöhe von 55 Metern. Hinzu kommen allerdings noch Ablagerungen von Sedimenten im Donaudelta und von Abtrag der Insel selbst durch Erosion. Bis zum Fuß des früheren Berges kommen also vielleicht noch zehn Meter hinzu, so dass sich eine Gesamthöhe der "Insel Atlantis" von rund 65 Metern ergibt.

Mit dem Anstieg des Wasserspiegels des Schwarzen Meeres versank die Schlangeninsel mit ihrer Basis im Wasser. In der Folgezeit stieg der Meeresboden durch den Eintrag von Sedimenten an. Die Tiefe von 15 Metern bis zum heutigen Fuß der Insel nach Eintrag von Sedimenten entspricht dem Wasserspiegel des Weltmeeres nach der Flut. Durch den weiteren Anstieg des Meeresspiegels und den Rückzug der Donaumündung konnte sich jedoch keine Landbrücke mehr bilden - allerdings dürften sich Brackwassersümpfe bis nahe an die Insel gezogen haben. Die Tatsache, dass bei den derzeit genutzten Brunnen eine zunehmende Versalzung des bisherigen Süßwassers festgestellt wird, spricht dafür, dass die Gegend noch nicht lange von Salzwasser überflutet ist.

Angenommen, die Insel wäre tatsächlich nicht versunken - hätte es nicht wie ein Wunder wirken müssen, dass gerade das Zentralheiligtum des Meergottes nicht unterging? Auch war der Wasserstand anfänglich noch 15 Meter niedriger als heute, der Weg vom Festland mithin kürzer. Während das Zentrum der Macht von Atlantis sofort zusammenbrach, hat unseres Erachtens die Insel noch sehr viel später zu Kulthandlungen gedient. Der Bau des ältesten auf der Schlangeninsel gefundenen Brunnens wird derzeit auf 1.000 vor Christus datiert. Möglicherweise war der Kultplatz Atlantis also zu der Zeit noch in Betrieb. Sporttaucher förderten trotz aller Zugangsverbote aus den nordwestlich und südöstlich gelegenen Buchten griechische Tonscherben zutage, die aus Opferhandlungen herrühren können.

Erinnern wir uns: Die *Argonauten* kehrten im Schwarzen Meer auf der Insel der Atlantiden, einem heiligen Ort, ein – dies ist aber die einzige Insel im Schwarzen Meer. *Utnapischtim*, der babylonische Flutüberlebende, lebte nach der Flut "fern an der Ströme Mündung". Die Bewohner der Gegend auf dem Festland nannten sich nach HERODOT und DIODORUS SICULUS wohl auch später noch *Atlanter*. Bei den Griechen gab es die Inseln *Elysion*, *Leuke* und *Ogygia* (alle sollen von einem Strom umflossen gewesen sein), paradiesische Aufenthaltsorte für verdiente Titanen im Ruhestand oder Exil. Sind diese mit der Schlangeninsel identisch?

Aber auch vor der Flut als von Flüssen umströmter Felsen muss dieser Berg wie ein Tempel beeindruckend gewirkt haben. Er war sicher eine Landmarke und damit ein Versammlungsort auch zu kultischen Zwecken schon in frühester Zeit. Für die Flussschiffer auf Dnjepr, Dnjestr und Donau konnte der Berg bei Nebel in den Flusstälern wie eine „Insel" in den Wolken erscheinen oder wie ein „Leuchtturm" in der Ebene.

Die Schlangeninsel ist wie Helgoland ein Buntsandsteinhorst, so dass vor der Überflutung die geologischen Schichten weitgehend sichtbar gewesen sein müssen und teilweise heute noch sichtbar sind. Dies hat der Insel Farbe verliehen und erklärt auch, woher die Nationalfarben von Atlantis stammen: Rot, weiß und schwarz entsprechen den verschiedenen erdgeschichtlichen Gesteinsformationen der Insel mit hohem Kupfer- (rot), Kalk- (weiß) und Schiefer- oder Sinter- (schwarz) Anteil. Mit dem relativ leicht zu bearbeitenden Sandstein errichteten die Atlanter der Zentrale ihre Türme und Häuser.

Auch erklärt dies den Übergang der Nationalfarben von rot/weiß/ schwarz bis 5.500 vor Christus (Starcevo-Körös-Cris) auf rot/weiß/ blau bei den nachfolgenden Kulturen, insbesondere der Vinca: Der Sinter der unteren Schichten ist farblich von schwarz auf blau übergehend. Dazwischen liegen nur Nuancen. Auch Ölschiefer, Asphalt, Bitumen oder Teersand muss in der Ebene gefunden worden sein, denn Noah und Utnapischtim "verpichten" ihre Gefährte mit „Erdpech". Dazu müssen sie in einem Gebiet gelebt haben, das auch Erdöl birgt. Rumänien ist ein Ölförderland. Die Schlangeninsel ist gerade deshalb zwischen Rumänien und der Ukraine umstritten, weil in der Umgebung Erdöl- und Erdgasvorkommen vermutet werden.

Die Überprüfung unserer Theorie sollte vergleichsweise einfach möglich sein, vielleicht schon nach Aktenlage, wenn Funde katalogisiert wurden, ansonsten durch Begehung der Insel und erste einfache Ausgrabungen. Die Hänge des Berges sind sogar Sporttauchern zugänglich. Hier wäre in einer Tiefe von bis zu 15 Metern zu arbeiten - allerdings sind die hier interessierenden Funde unter einer dicken Sedimentschicht zu erwarten! Daher gab es bisher auch keine Anlandungen von Atlantis-Relikten an der Küste. Gegenwärtig werden für die Schlangeninsel ein meereskundliches Forschungszentrum und ein Museum geplant; die Insel soll bald für Besucher zugänglich gemacht werden, nachdem sie so lange militärisches Sperrgebiet war. Der Leuchtturm und der Schiffsanleger wurden bereits in Stand gesetzt. Auch bläst ein stetiger Nordwestwind mit acht Knoten, weshalb auf der Insel eine Windkraftanlage von einem deutschen Unternehmen installiert wird.

Die Insel ist heute ein ziemlich nackter Sandsteinfels mit spärlichem Bewuchs von Gras und einer Humusschicht von höchstens einem halben Meter. Das war aber nicht immer so. Die Verkarstung von Landschaften ist die Folge menschlicher Aktivität. Vor den Eingriffen des Menschen war auch diese "Insel" von Wald bedeckt. Spätestens die dort ein- und ausgehenden Griechen haben aber die Bäume abgeholzt und Herden gehalten, so dass die Insel der Erosion preisgegeben wurde. Der nackte Fels lässt kaum noch erahnen, dass sich hier oder in der näheren Umgebung wahrscheinlich der "Hain des Poseidon" oder der "Garten in Eden" befunden hat. Allerdings hat eine Wiederaufforstung bereits begonnen. Größter Gegner ist der starke Wind, der vor allem wegen der Bauten auf der Insel eine besondere Schärfe erreicht.

Und noch eines zum Schluss. Man fragt sich, warum an der Küste des Schwarzen Meeres keine Siedlungen der ersten Fluchtwelle gefunden wurden. Die Antwort ist schon bekannt: In der Zeit von 5.000 bis 3.000 vor Christus stieg der Wasserspiegel um weitere 15 Meter an. Damit sind auch die ersten Flüchlingssiedlungen im Wasser versunken. Selbst die griechischen Hafenstädte am Rand des Schwarzen Meeres liegen heute fast gänzlich unter Wasser! So beginnen bulgarische Archäologen jetzt zaghaft, jungsteinzeitliche Siedlungen vor der Küste zu untersuchen.

Forschungsergebnisse werden - da sind wir zuversichtlich - nicht lange auf sich warten lassen; denn die naturwissenschaftlichen Erkenntnisse über die Sin(t)flut haben jetzt auch den über Atlantis verhängten Bann gebrochen.

Quellen

(Internetquellen sind mit dem Einstellungsjahr, wo dieses nicht vorhanden ist, mit dem Verfügbarkeitsjahr zitiert)

Ager, S., Omniglot – a guide to writing systems, www.omniglot.com/writing, 2003

Aksu, A. E. et al., Organic geochemical and palynological evidence for the Aegean Sea sapropel S1, in: Marine Geology 153, pp. 303-318, 1999

Aksu, A. E. et al., Persistent Holocene outflow from the Black Sea to the Eastern Mediterranian contradicts Noahs flood hypothesis, in: Geographic Society of America, 2002

Akurgal, E., Das Besondere der anatolischen Kultur und ihre Rolle bei der westlichen Weltsicht, www.tcberlinbe.de/de/turkei/anatolischekulturrolle.htm, 2004

Apelt, O., Platon – sämtliche Dialoge. Kritas und Timaios, 1922 (Neuauflage 1988)

Apollonius von Rhodos, Die Argonauten des Apollonius, 1779

Ascherson, N., Black Sea. The birthplace of civilisation and barbarism, 1996

Assmann, J., Das kulturelle Gedächtnis. Schrift, Erinnerung und politische Identität in frühen Hochkulturen, 2000

Balida, M. O., Diverse Artikel zur Steinzeit in Europa, www.comp-archaeology.org, 2003

Bard, K. A. (Hrsg.), Encyclopedia of the archaeology of Ancient Egypt, 1999

Ben-Tor, A. (Hrsg.), The archaeology of ancient Israel, 1992

Benz, M., Landwirtschaft 1000 Jahre älter als gedacht, www.baz.ch, 04.01.2002

Biegel, G., Das erste Gold der Menschheit. Die älteste Zivilisation in Europa, 1986

Black, J. / Green, A., Gods, demons and symbols of ancient Mesopotamia, 1992

Borchardt, P., Platos Insel Atlantis, in: Petermanns Geographische Mitteilungen, 1926 - 1928

Blackmore, S., The meme machine, 1999

Blok, J. H., The early Amazons. Modern & ancient perspectives on a persistent myth, 1995

Bogucki, P., The Neolithic Diaspora in Europe, www.princeton.edu/~bogucki/saa1997.html, 1997

Bohn, T. M./Neutatz, D., Studienhandbuch Östliches Europa Bd. 2: Geschichte des Russischen Reiches und der Sowjetunion, 2002

Boschke, F. L., Die Schöpfung ist noch nicht zu Ende – Naturwissenschaftler auf den Spuren der Genesis, 1962

Bossert, H. Th., Altanatolien, 1942

Braghine, A., Atlantis, 1939

Brandenstein, W., Atlantis, 1951

Brentjes, A., Atlantis, 1993

Brockhaus, F. A., Der Große Brockhaus, 17. Auflage 1966 ff.

Brose, P., Das Lächeln der Sphinx – die Rätsel der Vergangenheit, http://plato.alien.de/atlantis-mth.htm, 2001-2003

Carleton, P., Buried Empires, 1939

Cavalli-Sforza, L., The spread of agriculture and nomadic pastoralism: Insights from genetics, linguistics and archaeology, in: Harris pp. 51-69, 1996

Ceram, C. W., (Pseudonym) (Marek, K. W.), Götter, Gräber und Gelehrte, 1949

Childe, V. G., The Danube in prehistory, 1929

Cussler, C., Akte Atlantis, 2004

Däniken, E. von, Im Namen von Zeus – Griechen – Rätsel – Argonauten, 1999

Daniel, G., Geschichte der Archäologie, 1990

Daniel, G. / Rehork, J., Enzyklopädie der Archäologie, 1990

Deep Water Archaeology Research Group, An abrupt drowning of the Black Sea shelf, www.mit.edu/deeparch, 2003

Deutsche Bibelgesellschaft Stuttgart, Die Bibel, Fassung von 1984, 1985

Deutsches Archäologisches Institut, Göbekli Tepe, www.dainst.org, 2003

Dilthey, W., Die Entstehung der Hermeneutik, in: Ges. Schriften, 5, 1924

Diodorus Siculus, (Diodor von Sizilien) Historische Bibliothek in 40 Bänden, 1. Jh. v. Chr.

Dreyer, G., Umm el-Qaab I: Das prädynastische Königsgrab U-j und seine frühen Schriftzeugnisse, 1998

Ekschmitt, W., Die Sieben Weltwunder. Ihre Erbauung, Zerstörung und Wiederentdeckung, 1984

Flutsagen, insgesamt 15, davon 12 mit dem Arche-Motiv (vgl. Frazer, J. G.); die sieben wichtigsten:
1) Deukalion und Pyrrha; Hellen
2) Xisuthros
3) Atrachasis-Epos, in sumerischer Sprache aufgezeichnet
4) Gilgamesch-Epos 11. Tafel (Babylon)
5) Genesis 6 - 9, Altes Testament (Bibel)
6) Philemon und Baucis
7) Samothrake (Inselflut)

Encyclopaedia Britannica, 15th ed., 1986 ff.

Expedition2003.org, Dispatch 10: 1999 Black Sea Expedition Test Results, www.expedition2003.org, 1999

Frisk, H., Griechisches Etymologisches Wörterbuch, 1970

Frazer, J. G., Folklore in the Old Testament, 3 Bde, London 1919

Garstang, J. B. E., The Story of Jericho, 1940

Gerland, G., Der Mythos von der Sintflut, 1912

Gimbutas, M., The language of the Goddess, 1989

Gore, R., Der Zorn der Götter, in: National Geographic Deutschland, S. 70 ff, 2000

Gressmann, H., Altorientalische Texte zum Alten Testament, 2. Aufl. 1926 (Übersetzungen der Keilschrifttexte)

Gröger, M., De Argonauticarum fabularum historia quaestiones selectae, 1889

Guratzsch, D., Eine Flut wie von 10.000 Niagara-Fällen, Frankfurter Allgemeine Zeitung, 15. September 2000

Haarmann, H., Geschichte der Sintflut. Auf den Spuren der früheren Zivilisationen, 2003

Hafner, A., Unterwasserarchäologie 1988-2002 in der Bucht von Lattringen (Bielersee/Westschweiz), 2002

Harenberg, B. (Hrsg.), Harenberg Kompaktlexikon, 1996

Harris, D. R. (Hrsg.), The origins and spread of agriculture and pastoralism in Eurasia, 1996

Hederich, B., Gründliches Mythologisches Lexikon, 1996

Heidegger, M., Unterwegs zur Sprache, 1959

Heitel, A., The Gilgamesh-Epos and the Old Testament, 1953

Herodot, (490-425 vor Christus) Historien, ca. 450 vor Christus

Herter, H., Atlantis, in: Rheinisches Museum, 1944

Hohenberger, A., Die indische Flutsage und das Matsyapurana, 1930

Holle, G. (Hrsg.), Universalgeschichte – Vom Höhlenbewohner zur Eroberung des
    Universums, 1988

Honko, L., Thick corpus, organic variation and textuality in oral tradition, 2000

Huf, W., Atlantis im neuen Licht, www.atlantis-astroagent.com/Atlantis.html, 2003

Kaiser, H., Die Stadt der Großen Göttin – 4000 Jahre Uruk, 1967

Keller, W., Und die Bibel hat doch Recht. Forscher beweisen die historische
    Wahrheit der Bibel, 1955 und 1989

Kennedy, P., The Rise and Fall of the Great Powers, 1987

Korfmann, M., Troja. Traum und Wirklichkeit (Ausstellung) 2001/2

Kramer, S. N., Die Sintflut, in: Geschichte beginnt mit Sumer, 1959

Leibniz, G.W., (1646-1716) Meditationes de originibus gentium, 1710

Leinweber, W., Befahrungsbericht - Ukaine, Gebiet Odessa, Insel Zmeyinij, 2003

Leisegang, H., Atlantis, in: Pauly, A., Realencyclopädie des klassischen Altertums,
    Bd. 20, 1950

Lenneis, P. / Stadler, P., Zur Absolutchronologie der Linearbandkeramik,
    www.nhm-wien.ac.at, 2004

Lewis, J. P., A Study of the Interpretation of Noah and the Flood in Jewish and
    Christian Literature, Leiden 1968

Manley, B., Die siebzig großen Geheimnisse des alten Ägyptens, 2. Aufl. 2004

Mann, G. / Heuss, A. (Hrsg.), Propyläen Weltgeschichte – Eine
    Universalgeschichte, Bd. 1-3, 1985

Marler, J. (Hrsg.), From the realm of the ancestors. An anthology in honor of
    Marija Gimbutas, 1997

Marler, J. / Robbins Dexter, M. (Hrsg.), The Black Sea flood and its aftermath.
    Papers from the First International Symposium on the Interdisciplinary
    Significance of the Black Sea Flood, Liguria Study Center, Bogliasco, Italy,
    2002, June 3 - 7, 2003

Meyer, E., Geschichte des alten Ägypten, www.jadu.de, 2004

Mielke, T., Gilgamesch – König von Uruk (Roman), 2003

Model, F., Geophysikalische Bibliographie von Nord- und Ostsee. Erg.-Heft in:
    Dt. Hydrographische Zeitschrift, Reihe A, Nr. 8, 3 Bde., 1966

Muck, O., Atlantis, 2. Aufl. 1956

Mudie, P. J. et al., Dinoflagellate cysts and freshwater algae and fungal spores as
    salinity indicators in late quaternary cores from Marmara and Black Seas, in:
    Marine Geology 190, S. 203-231, 2002

National Geographic Society, www.nationalgeographic.com/blacksea/theory.html,
    2003

Niemeyer, H. G., Einführung in die Archäologie, 1978

Otto, W., Handbuch der Altertumswissenschaft, 1928

o.V., Das Sphinx-Mysterium, in: PM Magazin Januar 2004, S. 14 ff.

o.V., Diverse Artikel, www.gottwein.de, 2004

o.V., Diverse Artikel, www.wikipedia.org, 2004

o.V., Diverse Artikel, www.sungaya.de, 2003, 2004

o.V., Diverse Artikel, www.mythologica.de, 2004

o.V., Diverse Artikel, www.pantheon.org, 2004

o.V., Diverse Artikel, www.net-lexikon.de, 2004

o.V., Die Besiedlung des Federseebeckens, www.reiter-
    kh.de/besiedlung_federsee.htm, 2004

o.V., Ancient Egypt, Predynastic Egypt, www.ragz-international.com/predynastic-
    egypt.htm, 2004

o.V., Atlantisbetrachtung in der Antike, www.atlantisforschung.de, 2004

Ovid(ius) Naso, (43 v. bis 17 n. Chr.), Metamorphosen, ca. 5 n. Chr.

Parrot, A., Sintflut und Arche Noahs, 1955 (aus dem Frz.)

Pauly, A., "Der Neue Pauly". Altertumswissenschaftliches Großlexikon, Bd. 6, 1999

Petterson, H., Atlantis und Atlantik, 1948

Pitman, W. et al., An abrupt drowning of the Black Sea shelf, in: Marine Geology 138, pp. 19-126, 1997

Pitman, W. / Ryan, W., Noahs Flood - The new scientific discoveries about the event that changed history, 1998

Pitman, W. / Ryan, W., Sintflut – ein Rätsel wird entschlüsselt, 1999

Plato(n), (427 - 347 vor Christus) Timaios und Kritias, Altersdialoge: Die Überlieferung der ägyptischen Priesterberichte von Atlantis (über Solon), 350 v. Chr.

Popper, K., Die offene Gesellschaft und ihre Feinde. Bd. 1: Der Zauber Platons, 1957; Bd. 2: Falsche Propheten. Hegel, Marx und die Folgen, 1958

Poruciuc, A., The sea and the sea-flood motif in Romanian folklore, in: Marler, J. / Robbins Dexter, M., 2003

Probst, E., Rekorde der Urzeit, 1996

Richter, K., Atlantis – Der 8. Kontinent, versunkene Kultur, Mythos? http://fischinger.aliens.de/ probeausgabe/archiv/artikel2.html, 2003

Riemschneider, M., Die Welt der Hethiter, 1954

Ross, D. A./Degens, E. T., Probebohrungen im Schwarzen Meer, 1969

Santos, A. N., dos, Atlantis Checklist, www.atlan.org/articles/checklist/, 1997

Schadewaldt, W., Odyssee nach Homer, 1987

Scharff, A., Handbuch der Archäologie, 1939

Schleiermacher, F. E. D., Hermeneutik und Kritik, in: H. G. Gadamer, Schleiermacher Ausgabe, 1959

Schoch, R., Redating the Great Sphinx of Giza by Robert Schoch (KMT 1992), www.robertschoch.topcities.com, 1992

Schott, A., Das Gilgamesch Epos, 1934

Schüssler, K., Die ägyptischen Pyramiden. Erforschung, Baugeschichte und Bedeutung, 5. Aufl., 1992

Schulten, A., Tartessos, 1925

Schwab, G., Sagen des klassischen Altertums, 1978

Silverberg, R., König Gilgamesch in Uruk, 1984

Spanuth, J., Das enträtselte Atlantis, 1953

Spanuth, J., Die Atlanter: Volk aus dem Bernsteinland, 1977

Spanuth, J., Die Philister, 1980

Steiner, S., Atlantis - Mythos oder Wirklichkeit – eine physisch-geographische Betrachtung (Maturaarbeit Kantonsschule Zug), 2002

Tasic, N. / Srejovnic, D. / Stojanovic, B., Vinca – Centre of the Neolithic culture of the Danubian region, www.rastko.org.yu/arheologij/vinca/vinca-engl.ntml, 2001

Taylor, T. / Aston, M., Atlas Archäologie – Die faszinierende Welt unserer Vorfahren, 2003

Tharpe, I. J., The origin of agriculture in Europe, 1999

Third Millennium Press Limited, Zeittafel der Weltgeschichte, 2001

Thissen, L., Central Anatolian Neolithic eWorkshop, C14 Database/ Chronological Chart, www.chez.com/canew, 2003

Toepfer, V., Nebra, in: Fundberichte aus Schwaben, H. 17, 1965

Uhlmann, G., Catal Höyük, www.gabriele-uhlmann.de, 2004

Usener, H., Die Sintflut-Sagen, 1899

Vernant, J.-P., Myth and society in ancient Greece, 1988

Vogtherr, Th., Zeitrechnung, München 2001

Wendorf, F. / Schild, R., Late Neolithic megalithic structures at Nabta Playa (Sahara), Southwestern Egypt, www.comp.archaeology.org/WendorfSAA98.html, 2000

Willig, H.-P., Die menschliche Sprache – der Ursprung, www.willighp.de, 2004

Winckelmann, J. J., (Begründer der klassischen Archäologie, 1717 - 1768), Geschichte der Kunst des Altertums, 1764

Winternitz, M., Die Flutsagen des Altertums und der Naturvölker, 1901

Woolley, C. L., Ur in Chaldäa, 1956 (aus dem Engl.)

Yakar, J., Did Anatolia contribute to the Neolithization process of Southeast Europe?, in: Marler, 1997, pp. 59 - 69

Zahn, J., Nichts Neues mehr seit Babylon - Kulturgeschichte und Technisches aus fünf Jahrtausenden, 1979

Zangger, E., Atlantis, 1992

Zangger, E., Die Zukunft der Vergangenheit – Archäologie im 21. Jahrhundert, 2001

Ziegert, H., Preliminary Report on the Hamburg Archaeological Mission to Axum 2000, in: Annals d' Ethiopie, Bd. 17, 2001, S. 25-33

Ziegert, H., Archaeology as History - A Track into the Past, 2002

Ziegert, H., "Steinkreise" (Arbeitstitel), Publikation in Vorbereitung, 2004

Zimmerli, W., Die Urgeschichte, 2. Aufl. 1967

Zvelebil, M., The agricultural frontier and the transition to farming in the circum-Baltic region, in: Harris, 1996, pp. 323 - 345